中国少数民族人口丛书

达斡尔族

翟振武 主编

毅松 娜仁其木格/著

中国人口出版社
China Population Publishing House
全国百佳出版单位

图书在版编目（CIP）数据

达斡尔族/毅松，娜仁其木格著．—北京：中国人口出版社，2014.5（2022.7重印）
（中国少数民族人口丛书）
ISBN 978-7-5101-2462-4

Ⅰ.①达…　Ⅱ.①毅…　②娜…　Ⅲ.①达斡尔族—民族文化—中国　Ⅳ.①K282.2

中国版本图书馆 CIP 数据核字（2014）第 081314 号

中国少数民族人口丛书　达斡尔族
ZHONGGUO SHAOSHU MINZU RENKOU CONGSHU　DAWO'ERZU
翟振武　主编　毅　松　娜仁其木格　著

责任编辑　魏小玲
美术编辑　刘海刚
责任印制　林　鑫　王艳如
出版发行　中国人口出版社
印　　刷　北京兴星伟业印刷有限公司
开　　本　710 毫米 ×1000 毫米　1/16
印　　张　10　插 1
字　　数　137 千字
版　　次　2014 年 5 月第 1 版
印　　次　2022 年 7 月第 2 次印刷
书　　号　ISBN 978-7-5101-2462-4
定　　价　42.00 元

网　　址　www.rkcbs.com.cn
电子信箱　rkcbs@126.com
总编室电话　(010) 83519392
发行部电话　(010) 83510481
传　　真　(010) 83538190
地　　址　北京市西城区广安门南街 80 号中加大厦
邮　　编　100054

中国少数民族人口丛书编委会

序

如果把一个民族比作一颗星星，那我们就是生活在一个繁星满天的世界。当今世界上有约3000个民族，分布在200多个国家和地区，绝大多数国家由多个民族组成。中国也是同样，是由各族人民共同缔造的统一的多民族国家。在漫漫的历史长河中，生活在中华大地上的各族人民密切往来、交流融合、团结奋斗、休戚与共，形成了一个伟大的强盛的中华民族大家庭，共同开发了祖国的美好河山，共同推动了国家的发展和社会的进步。

在中华民族的大家庭中，有56个成员，其中有55个是少数民族。新中国成立以来，少数民族人口一直持续增长。1953年第一次全国人口普查时，少数民族人口总数为3532万人，占全国总人口的6.1%。2010年进行第六次全国人口普查时，少数民族人口总量达到了1.14亿，几乎是1953年的3倍，占到了全国13.4亿人口的8.5%。各少数民族人口数量相差较大，如壮族有1693万人，回族1059万人，满族1039万人，维吾尔族1007万人，而赫哲族只有5354人，塔塔尔族3556人，独龙族6930人。中国各民族的人口分布呈现大散居、小聚居、交错杂居的特点。汉族地区有少数民族聚居，少数民族地区也有汉族居住；许多少数民族既有一块或几块聚居区，又散居全国各地。中国少数民族聚居区大都地广人稀，资源富集。少数民族地区的草原面积，森林和水力资源蕴藏量，以及天然气等基础储量，均超过或接近全国的一半。全国 2.2 万多公里陆地边界线中的 1.9 万公里在民族地区。全国的国家级自然保护区面积中民族地区占到 85%以上，是国家的重要生态屏障。中国各民族的起源和经济、社会、文化的发展有着本土性、多元性、多样性的特点，五彩缤纷，丰富多彩。

要全面认识中华民族，就要从认识每一个民族开始。正是从这个理念出发，我们编写了这套《中国少数民族人口》大型系列丛书，力图从历史、文化、经济、社会等各个方面，用准确、科学、生动的语言，全方位描述和展现各少数民族灿烂辉煌的历史和现状，编织出一幅绚丽多彩的中华民族大家庭的"全家福"。

编写这样一套大型系列丛书，难度非同一般。几经论证和深入研讨，最终形成了编写大纲，这套丛书各个分卷的作者绝大多数由少数民族作家担任，他们不仅熟悉自己民族的历史和文化，而且对本民族有深厚的感情。在国家新闻出版总署、国家人口计生委和中国人口出版社的大力支持下，作者们历经数年，几易其稿，终成此书。值此丛书出版之际，我们衷心地祈愿这幅"全家福"能为民族的交流和团结，为中国的文化建设，为整个中华民族的繁荣昌盛，作出一份微薄的贡献。

翟振武

2012 年 5 月于北京

PREFACE

Every nationality sparkles like a star in the firmament. Now we have about 3000 stars distributed across the world in more than 200 countries, most of which are multinational. So is China, which consists of a number of nationalities. For centuries, all the nationalities have lived together, worked together and fought together, making China a prosperous unified multinational country.

Of all the 56 nationalities in China, 55 are minorities whose population has been increasing since the founding of The People's Republic of China. According to the first census in 1953, the minority population was about 35. 32 million, accounting for 6. 1 percent of China's total population. By 2010, the number had almost tripled. According to the sixth census, the population of the minorities amounted to 114 million, making up 8. 5 percent of the 1. 34 billion people in China. The population size of minority groups varies a lot. Some of them have a large population, for example, the Zhuang Nationality has a population of 16. 93 million; the Hui has 10. 59 million people and the Manchu consists of 10. 39 million people. Some of the minorities are quite small, such as the Hezhe, the Tatar and the Drung nationalities, which have populations of 5354, 3556 and 6930, respectively. China's nationalities live together over vast areas with some living in individual, concentrated communities in small areas.

Some minorities'concentrated communities are scattered among the Hans, and some Han people also live in the minority communities. Some minorities may have one or more concentrated communities, while their people spread all over the country. Most minorities'concentrated communities have their people sparsely distributed in large areas with abundant resources. The grassland, forest, water and natural gas reserves in areas inhabited by minority people account for about half of China's total. Further, 19 000 kilometers of the nation's 22 000-kilometer land boundary are in minorities'communities. In addition, 85 percent of the country's state-level natural reserves are in the minority areas, making the people important guardians of China's ecology. Each of the nationalities'origin is unique, and their development of economy, society and culture is full of variety.

Only by learning every aspect of the minorities'lifestyle can we have a comprehensive understanding of the Chinese nation. Under this notion, we write this series of books on the Population of China's Minorities to provide a detailed picture of our Chinese nation, with the glorious past and prosperous present of the country's minorities.

It is through trials and tribulations that we write this spectacular series of books. Most of the authors, who have profound knowledge of the minorities and wrote the books with their strong emotions, are members of minority groups. With the great support of the National Publication Foundation, the National Population and Family Planning Commission and China Population Publishing House, the authors completed the books after years of unremitting endeavor.

On the publication of this series of books, we are looking forward to seeing these books contribute to the unity of the Chinese nation and help our country flourish in the future.

Zhenwu Zhai

Beijing

May 2012

目录

Contents

综 述

达斡尔族是我国北方民族，有13万多人，主要聚居在内蒙古自治区、黑龙江省和新疆维吾尔自治区，在我国大陆的32个省、自治区、直辖市都有达斡尔族分布。

关于达斡尔族的族源，从清代以来就一直受到历史研究者们的关注，提出了多种关于达斡尔族族源的观点。其中得到较多论述并占主导地位的观点，是契丹后裔说。

在17世纪中叶以前，达斡尔族的先民居住在黑龙江中上游以北流域，是那里最早的开发者之一。17世纪中叶在反抗沙俄侵略者的斗争中，达斡尔族人民英勇顽强、浴血战斗，谱写了举世闻名的爱国主义篇章。从17世纪中叶开始，达斡尔族陆续从黑龙江北岸南迁到嫩江流域，形成了嫩江沿岸和诺敏河、讷谟尔河流域的主要聚居地域。在清朝时期又被征派往墨尔根（嫩江）、呼伦贝尔、呼兰、瑷珲、新疆伊犁等地，驻守边疆，开发建设，这些地区也成为达斡尔族的聚居地方。从清代到新中国成立前的300多年间，达斡尔族在保卫祖国北部边疆、反抗封建军阀和日本帝国主义的统治压迫中，在参加民族民主革命、解放战争中，都作出了突出贡献。

达斡尔族有自己民族的语言，达斡尔语属于阿尔泰语系蒙古语族，分为布特哈方言、齐齐哈尔方言、海拉尔方言和新疆方言四种方言，各方言之间可以通话交流。达斡尔语是一种古老的语言，达斡尔语在狩猎、渔业、畜牧业、农业、烟草业以及野生植物方面的词汇，更为详细。千百年来，达斡尔语联结、维系了达斡尔族人民的思想感情、生产生活和历史文化，说达斡尔语成为达斡尔人感到骄傲和自豪的事情。达斡尔族在清代主要使用满文，20 世纪以后使用汉文、蒙古文，新疆地区的达斡尔族也使用哈萨克文。

由于居住生活在大山草原和江河流域，达斡尔人充分利用依山傍水的自然条件，不仅从事作为主要食物来源的具有一定规模的农业，还从事以获得奶、肉、役畜为目的的定居畜牧业，从事各种野生皮毛、肉类的狩猎业，从事改善饮食生活的渔业、采集业，并且从事以商业交换为目的的运输业、烧炭业、大轱辘车制造业，形成了综合利用自然资源，各业相互促进，适于对外交换的比较优化的产业结构。这是达斡尔族传统经济的一人特色和优势。

在 17 世纪，达斡尔族的社会组织以“哈拉”（氏族）和“莫昆”（氏族分支）为基本的结构。哈拉有各自的名称，有一定的聚居区域。每个哈拉有几个莫昆组成，以“莫昆”为单位建村屯，同一哈拉的村屯相邻而居。哈拉、莫昆具有实行氏族外婚制、管理内部事务、编修家谱、祭祀等职责，以习惯法和舆论调节和维护人们的社会关系。

达斡尔族选择依山林、傍江河、靠草场的地势较高的地方营建村落。因为靠近江河便于人畜饮水和捕鱼、割柳条，靠近江河，村子的附近可有很宽阔的牧场，便于放牧。达斡尔人还认为傍水居住不得克山病，有益于健康。嫩江中上游地区达斡尔族村子，还建在靠近山林的地方，以利于伐木拉柴，狩猎采集。在清朝同治年间编的《黑龙江通省舆图总册》中，所提到的达斡尔族村子，都有在村周围有牧场和耕地的记载，反映了达斡尔族村落选址的特点。达斡尔族村落占地比较宽阔，各家的住房东西成趟，每座住房的左右、前后相隔很大距离，中间开辟有园田、院落。村中以东西为干线形成纵横的车马道路，通向村外。达斡尔族的住房以二至三间房为多，两间房东屋开门，西屋为起居室，三间房中屋开门，东、西房间为起居室。起居室内设三面大炕，外间设灶和烘干粮食的烘炕。院内建有仓房、畜圈，在住房的东、西和北面是十亩左右的园田。达斡尔人的村落、宅院的设置规整有序，呈现出和谐兴旺的景象。

达斡尔族的饮食文化是在从事多种生产的基础上形成的，有着品味多样、主副食搭配、注重原味的特色。在达斡尔族饮食中既保留有古老的烹饪野生菜果、兽禽肉、鱼类的采集渔猎特色的饮食习俗，又具有以米面为主，肉乳蔬菜为副的农牧特色的饮食习俗。这在我国各民族当中，是很有独特风味的。

用狍子皮制作衣袍是达斡尔人的古老民俗。狍子皮具有耐磨的优点，达斡尔人用狍子皮制作不同季节穿的长袍、皮衣、手套、长筒靴子、套腿等，也使用其他兽皮、羊皮制作服装。达斡尔族妇女的衣袍用布料制作，男人的内衣裤和夏季衣服用布制作，男人的布衣袍以蓝、灰色为多，妇女的衣袍有蓝、绿、红等多种颜色。妇女的长袍比较宽松，除襟以外不开衩，穿时不扎腰带。比较讲究的长袍，沿领子、开襟、下摆，都缝有镶边。用绸缎做的长袍，还要内衬白布里子。男人穿长袍时扎腰带。束腰后，把腰带的两个头掖在腰后，露出约20厘米长的头，自然垂在身后。扎腰带起到保暖和利落的作用。扎腰带后，在上面也佩挂烟荷包、刀具。

达斡尔族有着丰富多彩的传统文学。民间文学把人们在生产劳动中所迸发、积累的认识、观念、愿望，以歌谣、神话、传说故事、“乌春”（叙事诗）、谚语、谜语等形式表达出来。近代形成了劳动、士兵“乌春”（叙事诗）、长篇“乌春”《少郎和岱夫》、大力士“布库”传说等许多优秀的民间文学作品。达斡尔族文学最初是以诗歌的形式出现的。达斡尔族文人采用传统“乌春”的形式进行创作，开创了达斡尔族作家文学的历史。1851年，敖拉·昌兴（1809～1885年）奉命巡察中俄边境，创作了著名的《巡察额尔古纳、格尔必齐河》的爱国主义诗篇。目前，根据民间保存的材料，已经整理出敖拉·昌兴的诗作70篇左右。钦同普（1880～1938年）用满文拼写创作了《捕鱼歌》、《伐木歌》等多篇达斡尔族诗歌。其他作者还有玛莫格奇创作了《赴甘珠尔庙会》和《在齐齐哈尔城看戏》诗歌等。

新中国成立以后，在党的民族政策和文艺方针的指引下，达斡尔族的文学事业走上了发展繁荣的道路，涌现出许多作家、文学评论家、诗人、词作家、剧作家等文学作者。这些文学作者立足于本民族生活和文化的土壤，积极开拓文学视野，把握时代脉搏，创作了反映达斡尔族生活的文学作品。也有的以其他民族生活为题材创作文学作品。他们用汉、蒙文和达斡尔语创作了数以百计的小说、电影剧本、诗歌、歌词、散文、文学评论等，展现了达斡尔族作家文学在当代的兴旺局面。

给孩子哺乳（剪纸）　（毅松提供）

达斡尔族民间有绘画、剪纸、雕刻、刺绣等民间艺术，应用在服装、器皿、摇篮、烟袋锅等上面，装点和美化生活。用桦树皮制作盒、桶、碗、箱，在上面绘画、雕刻图案，是很有特色的艺术作品。传统歌舞音乐艺术内涵丰富，具有粗犷、古朴、秀丽的风格。新中国成立以后，达斡尔族的传统艺术得到了发展，创作了许多表现达斡尔族生活的歌曲、舞蹈、美术、摄影、电影、电视剧等多样的艺术作品，也涌现出以音乐家通福、书画家耶拉、民间歌唱家何德志等为代表的达斡尔族艺术家。

达斡尔族是热爱体育的民族，有着多种多样的民间体育游戏方式。在祭祀斡包、节日之际都要举办射箭、赛马、摔跤、打曲棍球等活动，平时举办扳棍、颈力、寻棒、游泳、鹿棋、陀螺等体育游戏。这些体育活动，器材简单、场地随意、娱乐性强，比体力、赛技艺、争荣誉，在达斡尔族广为开展，是达斡尔人欢聚娱乐和强身健体的途径。在达斡尔族体育事业的发展中，令人瞩目、颇有影响的项目是曲棍球。1989 年 3 月，国家体委正式把莫力达瓦达斡尔族自治旗（以下简称莫旗）命名为“曲棍球之乡”。

达斡尔族历来重视教育。从 20 世纪初到新中国成立前，涌现出许多热心尽力兴办教育，让民族后辈上学读书的有识之士和教育家，培养了许多人才。新中国成立后，在各地党委、政府的重视下，教育事业不断发展。达斡尔族受中高等教育程度人口在总人口中的比重都有了增长。

1953 年第一次全国人口普查时，达斡尔族人口为 47 975 人；1964 年第二次全国人口普查时增加到 63 394 人；1982 年第三次全国人口普查时94 126人；1990 年第四次全国人口普查时为 121 463 人；2000 年第五次人口普查时为 132 394 人，2010 年第六次全国人口普查时为 131 992人，比 1990 年第四次全国人口普查时的 121 463 人增长了 10 529人。

新中国成立以后，达斡尔族获得了新生，成为我国各民族大家庭中平等、团结、互助、和谐和共同繁荣的一个成员，在达斡尔族聚居的地方先后成立了莫力达瓦达斡尔族自治旗、齐齐哈尔市梅里斯达斡尔族区和11个达斡尔民族乡（镇）。自治旗、民族区和民族乡的成立，保障了达斡尔族人民当家做主的权利。在党的民族政策正确指引下，随着改革开放和现代化建设事业的发展，达斡尔族发扬勤劳智慧和开拓进取的精神，在经济、教育、文化各项事业中取得很大成就，人民的物质文化生活水平日益提高。

第一章

族源与历史

第一节　寻觅如烟的族源

一、话说“达斡尔”

达斡尔族是我国北方民族。

明末清初，达斡尔族居住在黑龙江以北的上中游流域以及精奇里江、牛满河流域。达斡尔族各村落之间有着较为密切的联系，以“哈拉”（父系氏族）集中在邻近村落定居，各哈拉之间也是相邻而居。从事农牧各业，狩猎业仍然占有较为重要的地位，以狩猎产品和农作物与内地及附近民族进行商品交换。达斡尔族就是在这个时期较为突出地出现在历史舞台上，在史籍中有了较多的记载。原因是，达斡尔人与努尔哈赤建立的后金政权，及之后的清朝政权由开始的朝贡，到被征服统治，有了密切的关系。还有就是达斡尔人从1643年开始英勇反抗沙俄侵略，在近半个世纪里谱写了举世闻名的爱国主义篇章。

自明末清初直到清代的史籍中对于“达斡尔”记载，由于音译标音不同，曾有打虎儿、达瑚尔、达瑚里、达古尔、达虎里、达呼里、达乌里、达乌尔等多种写法。新中国成立之初，曾书写为“达呼尔”。1956 年以后统一写为现在使用的“达斡尔”。“达斡尔”这个族称，是达斡尔人的自称。对于这个称谓的含义有不同的解释。其中有学者认为“达斡尔”源自契丹族“大贺”氏的名称，是由于达斡尔人曾居住洮儿河流域而得名的。这个说法与达斡尔族是契丹后裔的说法是一致的。此外，学者们也提出“达斡尔”是“原址、原住地”的意思，是“耕种者”的意思，是“本土兀惹”的意思，是“大夏”等说法。

二、拨开云雾中的族源

尽管“达斡尔”这个称呼在明末清初才较多地记载于史籍，但是，在此很久以前，达斡尔族就已经生息繁衍在中国北方广袤的土地上了。达斡尔族是一个具有久远历史文化的民族。

达斡尔族民间传说，达斡尔族是猎人与仙女的后代。传说过去有一个老太太和两个儿子一起生活。哥俩靠一只猎鹰、一条猎狗和一匹神马打猎为生。有一天哥俩外出打猎的时候，来了两位仙女帮助老太太干家务，干完活儿后两位仙女就驾羽衣上天而去。哥俩知道了之后，待仙女们再次来帮老太太干活时，就把仙女的羽衣藏了起来，使仙女无法返回天庭，并想方设法感动了仙女，分别与仙女成了亲。他们的后代就是达斡尔人。

关于达斡尔族的族源，达斡尔族还有别的传说。对此，从清代至今一直受到人们的关注，学者们提出了多种达斡尔族族源的观点，有契丹、蒙古分支、室韦、东胡、大夏等说法。其中得到较多论述的观点是契丹后裔说。

从清代起，许多文献史料，就有着达斡尔族源于契丹的记载。比如，在《黑龙江志稿》中写道：“达呼尔……契丹贵族，辽亡徙黑龙江北境。”新中国成立以后，对于达斡尔族族源的探索得到进一步深化。

历史学家陈述曾撰写《试论达斡尔的族源问题》[①] 的论文，比较详细地论述了契丹后裔说的观点。20 世纪 80 年代出版的《达斡尔族简史》论述了这个观点，认为，契丹后裔说的论据比较全面和充足，具有切合达斡尔族各方面史实的说服力。此外，还有一些论著论述了契丹后裔说。

契丹是我国古代北方民族。唐朝末年，契丹首领耶律阿保机统一各部，于 916 年称皇帝，947 年立国号为大辽。1125 年，辽被女真人消灭后，以库烈儿为首的一部分契丹人北迁大兴安岭和黑龙江流域。库烈儿的后代投附成吉思汗，并以族众组成军队参加了蒙古征金、宋的战役。这一史实与达斡尔族关于祖先的传说相吻合。达斡尔族传说，辽亡时，有一小部分人由西剌木伦、喀剌木伦逃到黑龙江、精奇里江、西勒克尔、格尔必齐、鄂嫩河等流域，以游牧打猎并种荞麦、燕麦为生。又传说达斡尔人的祖先率部南征。

达斡尔族学者孟定恭在 1931 年出版的《布特哈志略》一书中，记录了达斡尔族民间流行的一首古谣："边壕古迹兮，吾汗所遗留，泰州原野兮，吾之养牧场。"这里提到的边壕东端起于莫力达瓦达斡尔族自治旗境内，当时修筑和看守这一金代边壕边堡的，主要是契丹族人民。泰州原野，辽代曾是契丹二十部族的放牧场。[②] 所以，这首古谣也反映了达斡尔族与契丹族的渊源关系。达斡尔语把金代边壕边堡称为"乌尔阔"，这一名称只在达斡尔语中保留着，这是与达斡尔族和金代边壕边堡的特殊关系分不开的。

从一些史籍中，也可以发现与达斡尔语词汇相同相近的契丹语词汇。据《辽史》载："'曷术'，铁也。"在北方各民族中，现在只有达斡尔族仍然把铁叫"卡索"（或"哈索"）。这两种发音是相同的。达斡

① 陈述．试论达斡尔的族源问题．民族研究，1959（8）．

② 《达斡尔族简史》编写组．达斡尔族简史．内蒙古人民出版社，1986：6.

尔语和契丹语一样，把人口兴旺叫“蒲速碗”、事业兴盛叫“耶鲁碗”（达斡尔语“耶恩得碗”）、辅佑叫“阿鲁碗”（达斡尔语“阿依西鲁碗”）、猎鹰叫“稍瓦”、侍卫叫“克依阿”等。[①] 历史上，契丹人曾创制过文字。在对契丹小字的解读中，也发现达斡尔语和契丹语的一些相同相近的词汇。如把孝服叫作“习捻”，兔子叫作“陶里”，马叫作“木力”，狗叫作“捏褐”，蛇叫作“莫胡”等。[②] 与此相应的，在达斡尔族中也有达斡尔人曾有文字的传说。另外，“达斡尔”这个名称，在语音上，与契丹族的“大贺”氏相对应，而且在清代，达斡尔族中也有“达虎里”的姓氏，确有“以族为氏”的人物。这也从语言的角度成为维系达斡尔族和契丹族源流关系的一个线索。

在生产生活方式方面，达斡尔族也与契丹族有着相承关系。辽代契丹人已经有了农业耕种，并从事渔猎牧业。从 17 世纪中叶直到 20 世纪中叶达斡尔族既从事农牧业，又从事传统渔猎业，具有多种经营的经济结构。而且在北方，只有达斡尔族才具有这样的经济结构。由于农耕的需要，夏季天旱时，达斡尔族有到河边互相泼水求雨的习俗。在《辽史》中，也有契丹人以水相泼求雨的记载，说的是“夏五月庚午，以旱，命左右以水相沃，顷之，果雨”。达斡尔族有凿冰下网捕鱼的方法，这是一种较大规模的捕鱼方法。辽代契丹人也曾凿冰下网捕鱼，而且还有皇帝前往观看的记载。达斡尔族很久以来就擅长制作大轱辘车，这种车非常适于在草地、山岭中行走。宋代沈括也曾称契丹人制车，长毂大轮，利于行山。达斡尔族善驯服猎鹰猎捕野鸡和野兔，辽代契丹人也以驯服的海东青猎捕飞禽。达斡尔族有独特的打曲棍球的传统体育。在辽代，曾盛行类似打曲棍球的“击鞠”。

不论人们提出哪些达斡尔族资源的说法，在 17 世纪中叶，达斡尔

---

① 《达斡尔族简史》编写组．达斡尔族简史．内蒙古人民出版社，1986：7.

② 刘凤翥．契丹小字解读探达斡尔为东胡之裔．黑龙江文物丛刊，1982（1）.

族居住在黑龙江以北的上中游流域，形成了共同居住的地域，具有区别于周围民族的共同经济生活方式。达斡尔语在这个时期，已经有了千百年的独立发展，在基本词汇、语音系统和语法结构上，都已经是一个独立的语言，并且是全民族通用的共同语言，无论是在达斡尔族自身稳定共同体的形成方面，还是从其他民族对达斡尔族的认识理解上看，在明末清初达斡尔族都已经是一个独立的民族共同体。

第二节　黑龙江畔的烽火

从16世纪下半叶，沙皇俄国开始越过乌拉尔山向东扩张，他们对达斡尔地区的富饶倾慕垂涎。1643年，沙俄侵略者波雅尔科夫率领“探险队”从雅库茨克出发，侵入精奇里江流域达斡尔人的村落。他们扣押达斡尔族头人为人质，强行勒索和抢夺财物。达斡尔族民众义愤填膺，在首领多西和科尔帕的村落，达斡尔族民众拿起了弓箭、长矛，从村里冲出抗击，邻近的达斡尔人也骑马赶来助战，打响了黑龙江流域各民族人民反抗沙俄侵略者的第一仗。他们英勇战斗，使侵略者多人受伤被俘。波雅尔科夫不得不退到乌穆列堪河，最后于1646年回到雅库茨克。

1650年，另一个沙俄侵略者哈巴罗夫率“远征队”来到黑龙江上游的达斡尔族地区，进攻希尔吉涅伊首领的城堡时，达斡尔人奋起反抗，打退了11次进攻。在雅克萨城，达斡尔族首领阿尔巴津率众打死4名侵略者，击退了他们的进攻。1651年6月，哈巴罗夫来到贵古达尔城堡时，城堡已由几个达斡尔族部落联合加固设防。哈巴罗夫兵临城下，厚颜无耻地要求贵古达尔投降，向沙皇纳贡，贵古达尔义正词严地说：“我们向中国皇帝顺治汗纳贡，你们来要什么实物税呢？等我们把自己的最后一个孩子扔掉以后，再给你们纳税吧！”表现了同侵略者血战到底的气概。在侵略者火炮的进攻面前，达斡尔人从城上用弓箭还击，射出的箭布满了田野，像长满了庄稼一般。经过一昼夜的激战，侵略者用火炮轰开了城墙，双方展开了白刃战。最后，英雄的贵古达尔城失陷，661名达斡尔人阵亡。正是由于达斡尔族人民的顽强抗击和英勇不屈的精神，使得沙俄侵略者无法在黑龙江流域安身，企图征服“新土地”的妄想不能得逞。

1652年，清朝政府在黑龙江下游的乌扎拉村对沙俄侵略者开战，500名达斡尔人参加了战斗。正当战斗在中国方面占优势的时候，由于指挥失误而战败。尽管如此，这场战斗给侵略者以沉重打击，打死俄军10名，打伤78名，哈巴罗夫也被打伤。乌扎拉村之战，揭开了中国军民联合抗俄的序幕。此后，达斡尔族人民参加了清朝军队反对沙俄侵略者的库玛尔河口、松花江口、古法坛村等多次战役。在收复雅克萨城的战争中和中俄尼布楚谈判的交涉中，都有达斡尔族民众和官员参加，为1689年签订中俄《尼布楚议界条约》作出了贡献。

第三节　从嫩江之滨踏出的足迹

一、八旗岁月

从17世纪中叶，达斡尔族臣服后金和清朝之后，就开始迁居嫩江流域。经过抗击沙俄斗争，达斡尔族响应清朝政府关于断绝沙俄侵略者粮源的决策，陆续从黑龙江北岸南迁嫩江流域。各哈拉（父系氏族）和莫昆（氏族分支）沿嫩江、诺敏河、讷谟尔河等流域相邻建立村屯。清朝为了加强对达斡尔族和鄂温克族的统治，按照区域分布情况，将达斡尔族分编为都博浅、莫日登、讷莫尔3个扎兰（清朝八旗军事单位，连或队之意），将鄂温克族分编为5个阿巴（猎区）。在此基础上，于1731年组建了布特哈八旗。布特哈八旗下设92佐，其中达斡尔族39佐，鄂温克族47佐，鄂伦春族6佐。布特哈八旗总管衙门设于宜卧齐屯（即今莫力达瓦达斡尔族自治旗所在地尼尔基镇北的宜卧齐村）。齐齐哈尔地区的达斡尔族也以12个佐编入齐齐哈尔八旗。被清朝政府征派到瑷珲、墨尔根（今嫩江）、呼兰、呼伦贝尔驻防的达斡尔族也被编入当地八旗。1763年，清朝政府又决定派布特哈地区的达斡尔、鄂温克两族各500名官兵，连同家属，迁居伊犁。这部分达斡尔族被编入索伦营右翼四旗，成为西北边疆的守卫者，后来又迁居塔城地区。1889年，为了加强边防，伊犁将军奉旨修建塔尔巴哈台新城，达斡尔族参加了建城劳动，对当地的农业开发起到了一定作用。

布特哈八旗总管衙门　（毅松提供）

在清朝，达斡尔族八旗官兵承担了应征参战、巡逻边境、驻守卡伦（哨所）三项职责。达斡尔族官兵先后应征参战上百次，除了反抗沙俄侵略的战役外，还参加了收复和平定台湾的战役，第一、第二次鸦片战争中守卫江、浙等海防地区的战役，1894 年的中日甲午战争，1900 年的抗击八国联军的战役，为维护祖国统一、保卫祖国领土作出了贡献。其间，也被征调参加了镇压太平天国和捻军的战争。《中俄尼布楚议界条约》签订以后，为了加强北部边防，清朝政府在边境内侧设置卡伦，由邻近的八旗派出官兵轮换驻守。当时，仅布特哈八旗承担驻守的卡伦就有 21 所。① 清朝政府还规定定期巡逻黑龙江北国境线的制度，设立固定的敖包，作为每年或每三年定期巡逻的目标。1851 年，呼伦贝尔八旗佐领敖拉·昌兴（达斡尔族）率巡逻队伍，由海拉尔出发，巡察了额尔古纳河、格尔必齐河一带的边境和精奇里江上游、乌第河地区，创作了著名的《巡察额尔古纳河、格尔必齐河》爱国诗篇。

伊犁将军府 （毅松提供）

① 《达斡尔族简史》编写组．达斡尔族简史．内蒙古人民出版社，1986：101.

清朝政府规定，布特哈地区男丁“身足五尺者，岁纳貂皮一张”。达斡尔族为此远涉高山捕貂，付出了艰苦的劳动。在齐齐哈尔每年一次的“楚勒罕”集会上贡貂皮时，又受到贪官污吏的勒索剥削。1795年，布特哈八旗副总管奇三和佐领蒙库霍图林嘎到承德拦御驾向乾隆皇帝告发了黑龙江将军和齐齐哈尔副都统等人的贪污勒索罪行，使他们受到了惩处。

二、20世纪上半叶的达斡尔人

辛亥革命推翻了清朝的封建统治，建立了中华民国。达斡尔族虽然结束了八旗官兵承担的职责和苦役、贡赋，但仍然受到反动军阀和地主阶级的剥削和压迫。1916年，在齐齐哈尔地区爆发了以少郎和岱夫为首的达斡尔族农民武装起义。他们反军阀、杀官豪、救穷人，在两年时间，转战龙江县、泰来县、雅鲁县等地，打击反动的封建统治阶级。1929年底，在布特哈地区爆发了山区自卫大队的斗争。达斡尔族百姓称他们是“敖里莫音”（山上的人们）。他们打击了军阀反动统治，为保卫家乡和民族利益作出了贡献。

在俄国十月革命胜利的感召下，内蒙古民族民主革命的先驱者之一的郭道甫（达斡尔族）积极宣传十月革命的伟大意义和民主革命道理，与蒙古族革命知识分子一道，投身于内蒙古民族民主革命之中，参与创建了内蒙古人民革命党。1925年10月内蒙古人民革命党召开的第一次代表大会，制定了打倒帝国主义、军阀专制主义，废除王公封建制度，建立内蒙古民主自治政府的民族民主革命纲领。郭道甫、福明泰等10多名达斡尔族革命知识分子参加会议，郭道甫被选举为党中央常委兼秘书长。1928年，郭道甫、福明泰等人领导了呼伦贝尔地区的武装军事暴动，对争得呼伦贝尔民主民治和兴办民族教育起到了一定作用。1931年“九·一八”事变后，日本侵略者占领东北，达斡尔族人民深受日本帝国主义的压迫，各地达斡尔族人民参加抗日义勇军，为东北抗日联军运送物资，当向导、掩护伤员，积极投入抗日斗争。抗日战争胜利后，达斡尔族在中国共产党的领导下，保卫胜利成果，建立人民政权，进行民主改革。达斡尔族将士还参加了解放东北等地的战斗。新疆的达斡尔族青年有 200 多人参加了伊犁、塔城、阿勒泰三区反对国民党反动统治的革命斗争。

新中国的成立，给达斡尔族人民带来新生。在达斡尔族聚居地方，1952 年在龙江县成立了卧牛吐达斡尔族自治区，随后成立了新疆塔城瓜尔本设尔等达斡尔民族乡。1958 年 8 月 15 日成立了莫力达瓦达斡尔族自治旗。1988 年，齐齐哈尔市梅里斯达斡尔族区恢复成立。目前除了自治旗、民族区以外，在各地达斡尔族聚居地方共建立了 11 个民族乡（镇），实现和保证了达斡尔族人民当家做主的权利，达斡尔族的发展进入社会主义历史时期的新阶段。

达斡尔族无名烈士纪念碑　（毅松提供）

第二章

传统社会组织

第一节　维系达斡尔人的哈拉、莫昆

“哈拉”与“莫昆”达斡尔族的传统社会组织，它们是在血缘关系基础上建立起来的社会组织。据《达斡尔族社会历史调查》①，达斡尔族曾有“毕日吉”、“斡尔阔”的社会组织称谓，但是目前我们难以说清楚它们的具体状况，而且它们对近现代达斡尔族的社会生活影响很小。自清代以来，对达斡尔族社会生活有影响的社会组织是“哈拉”、“莫昆”。

一、以父系为本的“哈拉”

“哈拉”是达斡尔语族父系氏族，指同一男性祖先的后代组成的血缘共同体。达斡尔族的“哈拉”有，敖拉、鄂嫩、莫日登、郭博勒、金克日、德都勒、苏都热、索都日、吴然、沃热、乌力斯、讷迪、阿尔丹、胡日拉斯、鄂尔特、卜克图、何音、毕力扬、陶木、鄂斯尔、

---

① 达斡尔族社会历史调查．内蒙古人民出版社，1985.

达斡尔等20多个哈拉。据《黑水先民传》记载，“托尔托保，墨尔根达虎里，以族为氏，隶镶黄旗。”托尔托保是达斡尔族人名，他是“以族为氏”的达斡尔哈拉人。而到20世纪，已经没有这个“哈拉”。

达斡尔族各哈拉的名称，大多得自于祖先原居地区的江河、山川、村城的名字。如，“金克日”哈拉原居住在黑龙江北岸支流精奇里江下游，得名于精奇里江；“郭博勒”哈拉原居精奇里江下游左岸支流布丹河畔的郭博勒阿彦；“莫日登”哈拉原居住黑龙江北岸的奥列思莫日登城西北一带；“德都勒”哈拉原居精奇里江下游支流布丹河东南的德都勒和葛尔德兹屯等地。“苏都尔”哈拉原居黑龙江北岸牛满河上游支流苏图尔河流域；“沃热”哈拉原居黑龙江北岸支流沃热迪河流域。在民国时期，取哈拉名称词的第一个音或取其义，这些哈拉的名称被简化为单字的敖、鄂、孟、郭、金、德、苏、索、吴、沃、讷、安、胡、康、何、卜、杨、陶、乔、单、王、张、纪、山、宁、李、赵、陈、刘、梁、白、徐、田等，成为汉语意义的姓。

哈拉的基本制度和职能是：

1. 实行哈拉外婚制。认为同一哈拉的人们是同一父系祖先的后代，有着血缘关系，因此不能通婚。同一哈拉的人们即使居住很远，也是不能通婚的。在历史上，这一制度得到传统习惯法的严格维护，违反者受到舆论谴责和不准其后代记入家谱。这也是传统氏族制度得以形成和具有生命力的基本条件。

2. 修缮哈拉家谱。现存的达斡尔族家谱是以明末清初的人物为始祖编修的。过去的家谱用满文编写，每隔30年左右续修一次家谱。届时，哈拉中有名望的长者相聚确定召开家谱会的日期、程序和各种事宜。然后通知各莫昆、村屯，在召开家谱会的时候带着新续修的莫昆家谱来参加家谱会。召开家谱会要杀牛或猪，供奉祖先，众人给记有祖先名字的家谱磕头，然后才能打开家谱。由哈拉中的学者贤达执笔，把各莫昆、村屯从上一次开家谱会以后新增的男性子孙续写入家谱。家谱会结束时，众人设酒宴，事后要到祖墓祭祖。

3. 举行各莫昆联合狩猎活动。各莫昆、村屯要派猎手，由哈拉确定的“阿围达”（围猎头领）统一指挥，到野兽出没的山里，猎手们分别从不同方向围追野兽，逐渐向一个山头包围，最后猎杀。猎物归大家共享。

4. 举行哈拉射箭比赛。在选定射箭比赛日期以后，由各莫昆选出射箭能手参赛。比赛双方参赛人数相等，以中靶多者为胜。这是达斡尔人培养优秀猎人和参战勇士的重要形式。

5. 处理哈拉内部重大事情。遇有一个莫昆难以处理的问题时，由各莫昆长老开会商议处理。对于哈拉中仗势欺人、无恶不作者，各莫昆首领和长老会议有权把他处死。

6. 祭奠已故长者。在哈拉中辈分大高寿的人去世时，各莫昆要备酒、肉、点心，派人吊唁，参加丧葬仪式。

二、血缘共同体的“莫昆”

“莫昆”是从哈拉中分化出来的血缘关系比哈拉更近的血缘共同体，即氏族分支。达斡尔族以莫昆为单位建立一个或几个村落居住，它的内部联系及凝聚力比哈拉更强。

莫昆的制度和职能是：

1. 严格禁止莫昆内部婚姻。莫昆内部的父系血缘关系比哈拉更为亲近，禁止内部通婚就更加严格。对于违反者要召开莫昆会议，给予体罚和谴责，并不将违反者的儿子记入家谱，不承认其婚姻。

2. 管理莫昆公共自然资源。莫昆具有所辖的地域，莫昆有权管理辖区柳条通、牧场、草场、山林、渔场等公共财产。对于柳条通要规定分段采割、育成，规定割柳条的日期和每户采割的数量。对于山林也要有计划地采伐、育成。如有违反者，罚其杀猪给众人吃。如有外村人到莫昆所辖的渔场捕鱼，莫昆要出面收取渔场份子。在历史上，达斡尔族村落对所辖地域内的山丁子、稠李子、榛子等野果规定采集的日期，不等成熟不准采集。这些制度有助于保护生态和自然资源的合理、永续利用。

3. 设立莫昆墓地。在莫昆墓地以辈分和血缘的远近安葬已故者。

4. 共同祭祀。莫昆有共同的“霍卓日巴日肯”，即祖先神，并有以祖先神为其神灵的莫昆雅得根，达斡尔语也称“霍卓日雅得根”。莫昆雅得根的领神仪式和重大宗教活动，莫昆族众给予协助，承担费用。莫昆雅得根也要义务地为族众祭神、祈求病人痊愈和莫昆人旺年丰。对于莫昆共同祭祀的敖包，莫昆组织宰畜祭祀，祈求风调雨顺，牲畜兴旺，粮食丰收，举行赛马、摔跤等体育活动，费用由各户分摊。在天旱时，妇女们也要有组织地到河边杀鸡祭祀，并相互泼水。

5. 保护莫昆成员的利益。在莫昆成员与外人发生利益纠纷时，出资出力保护莫昆成员利益。莫昆内的鳏寡孤独和贫困者，要由近亲抚养，没有近亲的，莫昆众人尽帮助的义务。

6. 批准接纳养子。对于接纳本哈拉、莫昆内子弟为养子的，没有什么说道。对于接纳其他哈拉、莫昆子弟为养子的，由莫昆会议决定，改养子的原哈拉，把养子名字填入家谱。

7. 干预女子继承本家财产。按传统习惯法，家庭财产由男子继承。家里没有儿子继承的，由侄子继承。没有近亲侄子的，才由女儿继承。在有继承人的情况下，女儿如要继承，莫昆人要出面干预。

8. 修缮莫昆家谱。

9. 参加莫昆内的婚丧活动。莫昆内有姑娘出嫁，要请莫昆长者吃“察恩特”礼。莫昆众人参加娶媳妇的婚宴。

在达斡尔族传统社会组织中，除了哈拉、莫昆以外，还有“莫音”

的说法。“莫音”的意思是部分，是在莫昆之内由更为亲近的父系血缘关系的人们组成的。有的莫昆分出 2 个莫音，有的分出 4 个、5 个莫音。

第二节　不可割舍的亲情

达斡尔人有一句很经典的谚语，叫“三句话就能认亲戚”。问的话是“你是哪个哈拉的?”“你住在哪个村落?”“那个村落的谁谁是你什么亲戚?”问了这三句话后，问的人会说“那咱们是什么什么亲戚”。达斡尔人重视亲戚关系，是由于哈拉、莫昆在维系达斡尔人的社会关系中发挥了重要的作用，也是人们很看重亲戚关系在社会交往中的地位，那是不可割舍的亲情。

孩子给长辈请安　（毅松提供）

与亲戚关系联系在一起的亲属称谓。达斡尔族的亲属关系分为血亲和姻亲。血亲即以夫妻与子女、孙子女及同胞兄弟姐妹为轴线形成的血缘亲属关系，姻亲则是由于婚姻而与氏族以外人们结成的亲属关系。不同的亲属关系有着不同的义务、责任和权利。

达斡尔族的亲属称谓比较完整和详尽，有这样几种类型：

一、对于直系血亲，按辈分长幼区别亲属关系和称谓

对于上下四辈直系血亲都有专门称谓。对于同辈，称兄弟为“阿卡”，称姐为“额克”，称弟为“兜”，称妹为“乌音·兜”。对于晚辈，称子为“克库”，称女为“乌音”，称孙子为“奥毛勒”，称曾孙为“道毛勒”，称玄孙为“少毛勒”。对于长辈，称父为“阿查”，称母为“额沃”，称祖父为“乌塔其”或爷爷，称祖母为“太替”，称曾祖父为“老爷爷”，称曾祖母为“老太替”，称高祖为“达·乌塔其”或太爷，称高祖母为“老老太替”。称外祖父为“那吉勒·爷爷”，称外祖母为“那吉勒·太替”，称外曾祖父为“霍卓日·爷爷”，称外曾祖母为“霍卓日·太替”等。

对于自己兄弟姐妹的子女、孙子女的称谓是：把兄弟之子称为“居·克库”，兄弟之女称为“居·乌音”。把姐妹之子称为“哲”，姐妹之女称为“哲·乌音”。兄弟姐妹的孙子女，亦称“奥毛勒”。

对长辈的兄弟姐妹的称谓是：父之兄称为“喜卡查”，父之姐称为“乃讷沃”，父之弟称为“乌其格查”或叔叔，父之妹称为“姑姑”。祖父之兄称为“喜格·爷爷”，祖父之姐称为“姑太替”，祖父之弟称为“乌其肯·爷爷”，祖父之妹称为“乌其肯·姑太替”等。对于母之兄称为“那吉勒·喜卡查”，母之姐称为“乃讷沃”，母之弟称为“诺绰”，母之妹称为“乌音·诺绰；外祖父之兄称为“那吉勒·喜格爷爷”，外祖父之姐称为“那吉勒·喜格姑太替”，外祖父之弟称为“那

吉勒·乌其肯爷爷”；外祖父之妹称为“那吉勒·姑太替”等。

二、对直系血亲的配偶，依辈分的长幼区别亲属关系和称谓

兄之妻称为“波日根”，姐之夫称为“敖谢”，弟之妻称为“兜·波日”，妹之夫称为“兜·呼日根”。父之兄的妻称为“喜格·额沃”，父之姐的夫称为“乃讷查”，父之弟的妻称为“乌其格沃”或“乃尼”，父之妹的夫称为“姑爷”。祖父之兄的妻称为“喜格·太替”，祖父之姐的夫称为“姑爷爷”，祖父之弟的妻称为“乌其肯·太替”等。母之兄的妻称为“乃讷沃”，母之姐的夫称为“乃讷查”，母之弟的妻称为“额莫贡·诺绰”，母之妹的夫称为“额日贡·诺绰”。

三、夫妻之间对对方的称谓

对妻称为“努古热”或“额莫格”，对夫称为“额日贡”。对于夫或妻对方家庭直系亲属的称谓，在对方所称谓的前面加上“哈得莫”，如，把对方的父称为“哈得莫·阿查”，对方的母称为“哈得莫·额沃”，对方的兄称为“哈得莫·阿卡”，对方的姐称为“哈得莫·额克”等。但对于对方的弟称为“诺恩·波讷热”，对方的妹称为“乌音·波讷热”，就不用“哈得莫”了。

四、对父母之兄弟、姐妹的子女均有各自的称谓

父之兄弟的子女互相称“乌耶勒”，即堂，父之同胞兄弟之子女称为“图日申·乌耶勒”，父之从兄弟之子女称为“乌耶勒”，父之再从兄弟的子女称为“卡牙勒”，父之四从兄弟的子女称为“卡音其”，五从和超出五从的同一父系氏族的子女称为“爱里”（村）或“莫昆”的兄弟姐妹。父之姐妹和母之兄弟的子女，均称为“塔日”，即姑表。母之姐妹的子女，均称“布勒”，即姨表。表亲之中没有分出像堂亲那么

多层次的亲属称谓，只分为“图日申·塔日”（亲姑表）和“图日申·布勒”（亲姨表），以及一般的“塔日”和“布勒”的区别，但也有“杰扎楞·塔日”（第二代姑表）和“杰扎楞·布勒”（第二代姨表）的称谓。

五、对子女的配偶及其家庭成员的亲属称谓

儿媳称为“波日”，女婿称为“胡如贡”。子女配偶的父亲称为“华达”，母亲称为“霍都古”，兄弟称为“华达·克库”，姐妹称为“霍都古·乌音”。

对丈夫的嫂、弟媳互相称为“华阳”，对于妻子的姐夫、妹夫互称为“巴吉”；夫妻双方的父亲互称“华达”，母亲互称“霍都古”。

达斡尔族老人 （毅松提供）

以上是达斡尔族亲属称谓的基本内容。它涉及上下九代、远近六

从的亲属关系，包括有自己父母家、父亲家族、母亲娘家以及妻子的父母家，丈夫的父母家和儿媳、女婿的父母家等不同层次结构的亲属关系。达斡尔族亲属称谓在深广度上都很发达，其中父系堂从亲属关系至六从各有称谓，其他亲属称谓也都以父系亲属称谓为基础称谓，在此基础称谓之前加词以示区别，如外祖父称为“那吉勒·爷爷”，配偶对方的哥哥称为“哈得莫·阿卡”等。这些都反映了达斡尔族具有久远的实行一夫一妻制婚姻和父系制社会的历史。

第三章

对世界的朦胧构想

达斡尔族信仰萨满教。萨满教是建立在万物有灵思想基础上的，把天地山河、动植物看作是有神灵的，加以崇拜，并崇拜祖先，具有多神信仰的内容和特征。在达斡尔人的观念里，世界有三个层次。天上世界是恩都热、崇拜神灵、仙女、玉皇的所在之地，是超自然的是永生的。地上世界是人与自然万物的所在之地，是自然的是有生有死的。地下世界则是魔鬼洞穴和“伊日木汗”（阎王）的地狱，是世人死后的去所。在这样的三层世界里，万物的灵魂才有了各自独立存在和安身的地方，神灵有了超自然的寓所，死者之灵有了脱离肉体后的去处。达斡尔族萨满教中“雅得根”上通神灵、下通鬼灵的法术，也有了得以施展的领域。

万物有灵和三层世界的思想，表现了古代达斡尔人对于多样性统一世界的整体认识，构成了一种古代的哲学自然观。达斡尔族万物有灵、三层世界的自然观，把灵魂看成是可以脱离人而独立存在的，并有超自然社会的神灵的存在，都是唯心主义自然观的表现。它反映了在生产和科学落后的年代，人们对自然界和人与自然本质关系的认识，还处于幻觉、猜想的阶段。达斡尔人把神称为“巴日肯”。在达斡尔人的观念里，有多种巴日肯，比如“白那查”（山神）、“嘎利巴日肯”（火神）、“吉雅其”（命运神、保护牲畜的神）、“敖雷巴日肯”（狐仙爷）、“娘娘巴日肯”（娘娘神）、“霍卓日巴日肯”（祖神）等，信仰、崇拜的神有几十个之多。但每家人供什么神并不是任意选择的。各家供奉的神并不都一样，人们根据自己的情况供奉神。在家里有了病灾情况时，请雅得根看，雅得根认为是什么神在作祟，或什么神能给予治愈、消灾，才供奉。家里一旦供奉某种神，就保留下来一直供奉。

萨满文化博物馆 （毅松提供）

第一节 多神信仰

达斡尔语称天为“腾格日”，达斡尔族每家都供奉，一般不称之为神，没有具体的供奉偶像。在祭词中天包括“父天”、“母天”、“公主天”和“官人天”。一般在春节和家里有病人时祭天。祭祀时杀牛或猪作为供物。传说早期用白牛作为供物。在祭祀时关闭院门，在门杆上挂上渔网或网状的绳子，禁止有人出入大门，来回过的人要翻障子。在正房的西南角横放一根木杆，上面盖上被子。在院里煮牺牲物的内脏，在屋里煮手把肉，煮熟后供给天。祭祀时不请雅得根，由巴格其主祭。祭词中的内容是："父天听听祷词，母天了解缘由；坐在根源处的公主天，用簸箕般的耳朵静听；坐在角落的大官人，用明亮的眼睛瞧看吧。"以下要根据具体情况说明祭祀的原因和所献供物。祭祀结束后大家吃肉。把啃过的骨头收起来扔在院外，把脖颈骨插在木杆上，挂在大门旁边。

在除夕和正月初一清晨各家都要祭天，在院里或室内放一张桌子，供酒、肉，祈祷上天恩赐风调雨顺，粮食丰收、牲畜兴旺，人无疾病，富裕安康。

"霍列日巴日肯"也称"怀玛日巴日肯"（西侧神）或"怀玛日霍列日"，是最为古老的神之一。关于该神的来历，各地传说不一。其中一种传说，说是西藏地区的深山里有一块很大的岩石。有一天，岩石被雷击裂，从里面出来一只羚羊。这只羚羊来到穆格敦（沈阳）扰乱居民，人们捉住它后装入牛皮囊，投入江中。后来它又出来，人们捉住后又装入牛皮囊，驮在马上。那马随意走，来到了黑龙江上游，被人打开了皮囊，它又跑了出来。从此，每次下雨时，响雷总是追击那只羚羊，雷击死了很多人，最后把羚羊击碎成 99 块。从此，它的魂灵和被雷击死的人、动物的魂灵合力作祟，便被人们立为神。

"霍列日巴日肯"是众神的总称，它包括 17 种神，由 58 个生物和物品组成。它们有"蟒盖"（凶魔）、残体人物、乌龟、记事刻木、布谷鸟、枪、龙、九男九女舞蹈等，有木刻的，也有绘在布上的神像。

祭"霍列日巴日肯"分为大祭、小祭。大祭时供白顶枣红色公牛，要 9 个男子献酒、敬烟，并有九男九女献舞。由雅得根主祭。小祭时供 1 只羊，由巴格其主祭。祭祀时祭词的内容是，先讲述该神的来源，并说供奉的情况是，“经过索伦达斡尔的时候，供奉在这个家里，位居在西边的墙上，有三个座位的神，有犁杖的座位，藏居在犁镜里，坐在原位的‘带拉勒’，有双龙的祭祀，有对龙的宝座，有各种缎绫绢帕，有各色绸绉哈达”等，以下在祭词中还介绍组成“霍列日巴日肯”的各个神。

“霍卓日巴日肯”即祖神。许多莫昆有自己的祖神，也有的莫昆没有祖神。在一些莫昆祖神来历的传说中，常有被水淹死，被雷击死的先人被奉为祖神。各莫昆祭祀时供奉的物品不一样，专门祭祀时要杀猪、献狍子肉煮荞麦粥或九盅酒。春节时用酒和点香供奉。

“吉雅其”即命运神、保护牲畜的神。传说，在蒙古地方喇嘛庙里的一个伙夫，听说达斡尔人地方生活富裕，牲畜多，便离开庙出走，想去达斡尔地方。他在来的路上被雷击死。后来，达斡尔人便立他的灵魂为“吉雅其”。这个神不作祟于人，专管家畜和财产。它的偶像是用白布剪的一男一女，贴在蓝布或黄布上。供奉的人家指定家里的一匹良马为吉雅其的坐骑，称为“温古”马，不得随意骑乘。祭祀时杀羊供奉。吉雅其没有画像。在马得病的时候求吉雅其，在屋外的西烟囱下供它。按传统说法，吉雅其只管护马，不管护牛。

“博果勒巴日肯”是达斡尔人最早信奉的神。它由 24 个神位组成，包括有官人、铁匠、喇嘛、渔人、猎人、担商、婴儿、妖怪、鹿、布谷鸟、狗、蛇等人物、动物，还有娘娘神、狐仙神等。有的神是画像，也有的是木刻和布贴的偶像。由该神的组成可见“博果勒巴日肯”是众多神的汇集。供在院里的小庙里。祭祀时供奉羊，祈求它赐给满坡的子孙，满桶的奶子，口齿伶俐的儿子，增殖频繁的乳牛。

“敖雷巴日肯”即狐仙爷。传说它的原形是成精的狐狸，作祟时常使人神经错乱。有彩绘神像，供在院里的小庙里。用猪、羊、鸡和酒、

信仰文化 （毅松提供）

点心作为供物。

“娘娘巴日肯”即娘娘神。其来历不清，常被解释为是《封神演义》中云霄、琼霄、碧霄与姜子牙作战死后，被封为神。达斡尔人过去供奉该神的人家很多。它主宰天花、麻疹和儿童疾病，有画的神像，平时放在室内西墙上。用猪、鸡、酒等供奉。

“白那查”即山神。传说白那查是留着白胡子的老人，他是山林的主宰，野兽飞禽是他养育的，从事野外劳动的人们的收获多少和顺利是由“白那查”决定的。所以到山里去狩猎和放排的人特别敬重“白那查”，见到山洞、巨石和古树都认为是“白那查”栖息的地方，不大声说话，要磕头膜拜，绕道而过。在山林中也有被猎人劈开粗桦树的皮画的“白那查”神像。遇到“白那查”要洒酒祭祀，磕头膜拜。在野外每顿饭之前，都要由“塔坦达”（野外生产组长）把第一盅酒、第一碗饭先敬“白那查”，猎获到的第一个猎物也要先敬“白那查”。据有的老人说，过去达斡尔人在种地时也供“白那查”，在离村子远的房子附近用肉或牛奶面片供。祭祀时说灾难不要降在地里，不要下冰雹，不要生虫子，让粮食丰收。

“奥蔑巴日肯”即生育之神。也称“奥蔑额特古”（奥蔑老奶奶）。认为该神住在有九层台阶和金银椿子的九顶白毡包的正中包内，有3层院子。母神的乳房很长，可以从袖筒伸出，也可以搭在背后哺乳孩子。当新生儿要降生时，她要拍一下婴儿的屁股，说一声“去吧”，婴儿就降生了。因此，达斡尔族婴儿刚出生时屁股上都有发黑的胎记。人们求该神赐给孩子并保佑孩子。祭祀时用羊或猪。祭词中说：“精心护佑我的孩子吧，守候他直到长成男丁，带领他直到长成汉子。”

“嘎利巴日肯”即火神。因为是在家里的灶上烧火，也称“图瓦巴日肯”、“滚俩日巴日肯”，即灶神。火神也管门护院，对付来的鬼。如果鬼来要人，火神不让带去的话，它也带不走。腊月二十三日祭火神，给火神前放碎草，说是给它乘的马的饲料。祭词中对它一年管门护院表示谢意，祈求来年保家里平安。在灶里点火后向火里扔肉块，家长还让孩子去看烟囱，说是火神会乘套黄马的轿车顺着点火的烟升腾上天。

“卓日”是管护奶牛和牛犊的神。过去大多数养奶牛的人家都供奉此神。神像画在硬纸或木板上，形象是一对夫妻坐在桌前，还有一头奶牛和一头牛犊。贴在外屋的后墙上。在奶牛下犊后用“瓦日勒拉里”供奉。“瓦日勒拉里”是用奶牛下犊后头三天挤的奶熬的稷子米稠粥，吃时放入黄油和白糖，别有一番香、酸、甜的味道。祭词中说：“让我们的牛畜多起来吧，让它们的数量增长，没病没灾地饲养着。”

北斗七星是掌管人的性命的星。过去有出征军人的人家供北斗七星。清代，达斡尔人被征派出征的人多，走的时间长，家里听不到他的音信，很为他担心，所以求掌管性命的北斗七星保佑他们平安。在腊月二十七日的晚上，在住房外东北角放一张桌子，不供酒、点心。用荞面和白面做 7 个像盅子一样的面灯，捻棉线做灯芯，倒入黄油点燃。祈祷北斗七星保佑出征的子弟平安。

“阔通巴日肯”即军营神。也称“夸然巴日肯”。有画的神像，供在院里的小庙里，祭祀时用猪、羊、鸡、酒、点心等。这个神并不是在外当兵的人才供奉，过去供奉的人较多。现在没有人供奉了。

除了以上这些神以外，达斡尔人供奉的神还有“哈音”、“巫西巴日肯”等。

第二节　灵界的使者

在达斡尔人的萨满教中，把从事宗教祭祀、跳神活动的人员称为“雅得根”，雅得根即萨满。除了雅得根以外，从事宗教活动的人员还有“斡托希”、“巴格其”等。

一、雅得根

雅得根必须领有自己的“温古日”（神灵），才能成为雅得根。雅得根就是依靠所领“温古日”的威力来从事治病、消灾等活动的。按照雅得根领的神灵的不同，雅得根可分为两种。一种是“霍卓日雅得根”，即领有氏族祖神的神灵的雅得根，必须由本氏族人担任，但不世袭。另一种是一般雅得根，他们领的不是氏族祖神的神灵，领其他神灵。

当有的人久病不愈或精神失常，雅得根在给他看病时，称如果他答应当雅得根，他的病就可以痊愈。这样的人，经雅得根跳神治疗，果然痊愈。再经过师傅雅得根的指教和“斡米南”仪式的训练，就可以成为雅得根了。男女均可以担任雅得根。

雅得根被认为是可以来往于神灵世界和阴府世界的使者。他们不但能够跳神请来神灵，而且可以下到阴府去救人性命。这在达斡尔族的关于雅得根的传说故事中有很多描述。

达斡尔族雅得根服饰　（毅松提供）

雅得根的职能是：

1. 为氏族消灾，祈求氏族人丁兴旺。“斡米南”仪式正是为氏族消灾祈福的活动。

2. 祈求上天赐予氏族风调雨顺，五谷丰收，牲畜增加。

3. 跳神治病。这是雅得根经常履行的职能。谁家里有了病人便去请雅得根，告诉家里人如何病了，怎么也治不好。雅得根来了之后先是号脉，观察病人的气色，来看是什么在作祟引起疾病。如果断定不了，要用狍子的肩胛骨或斧头进行占卜。如果这样还不能确定病因的话，就要请神灵降临给予解疑。雅得根沟通神灵的方法，一是梦中启示。雅得根在睡觉前点香祈祷，求助于自己的“温古日”（神灵）。这样在他入睡后，“温古日”就会在梦中告诉病人病因，到底是什么在作祟。二是跳神，请自己的神灵降临告诉。在知道什么作祟使人患病之后，雅得根跳神向作祟的神或其他什么许愿，如果病人康复，要供奉此神所喜欢的牲畜、物品。这时，病人家根据作祟神的需要，献供祭神。

雅得根在从事宗教活动时，穿着特制的服装，达斡尔语称之为

“萨玛石凯”或“扎瓦”，即法衣。雅得根的神帽称为“玛嘎拉”，它的帽架是铜或铁条制作的，帽顶上有很像鹿角的分叉铜角。叉的多少是雅得根资历的标志。初学雅得根的人没有神帽，用红布裹头。举行一次“斡米南”之后，戴有三叉角的神帽。3次“斡米南”之后才能戴六叉角的神帽。在神帽上系有象征彩虹的各种颜色的绸绫，搭在脑后。神帽的前面是一条黑色丝绥，遮掩了雅得根的眼睛。

雅得根的法衣是用犴皮或鹿皮制成的长袍。在法衣的前后钉有大小几十个铜镜，其中有前胸镜、后胸镜，还钉有一些铜铃。在长袍的前后下摆上，钉有12条刺绣各种图案的绒布带，约有8厘米宽、80厘米长。在袍的外面套有24条刺绣有日、月等图案的飘带。法衣上还要穿披肩，上面钉有300多个小贝壳。在它的左右肩上各有1只布做的布谷鸟，称为“博勒·绰库日”。

雅得根在跳神时使用神鼓。神鼓为圆形，直径约60厘米，有几厘米宽的木条边，蒙有兽皮的鼓面。鼓的背面有铁环、皮条系在鼓上，作为把手。鼓槌用藤条做心，外面套上带毛的兽腿皮。

过去由于达斡尔人都信仰萨满教，雅得根具有较高的社会地位，受到人们的尊敬。雅得根在村里和氏族中不享有特权，在家里同样从事各业生产，平常和村里人一样劳动过日子。人们在请他跳神、治病时，给予献供牲畜的肉、皮张，还有酒和少量布料等作为酬谢，这些只可作为一时吃喝所用。多数雅得根因为从事萨满教活动，难以集中精力从事自家的生产，生活水平在村里是不高的。

二、斡托希

“斡托希”也是达斡尔人萨满教的神职人员，一般由女性担任。“斡托希”以娘娘神为自己的神灵。在出现天花、麻疹病情时，请“斡托希”治病、祭祀。“斡托希”在从事宗教活动时，穿像裙子一样的

“瓜拉日斯”，在颈上带串很多珠子的“贺日科”，如同盔甲。手持扎有各色绸缎条的“得勒布日”，它的作用是能够掸去不好的疾病。

三、巴格其

“巴格其”由男性担任，他没有自己的神灵，不能治病。在雅得根跳神时，他做助手，应和雅得根的唱调，在旁边给予协助。因此也可以称二神。在一般祭祀中，“巴格其”主祭，致祭词。

第四章

真情与憧憬的述说

第一节　挥之不去的记忆

达斡尔族的民间文学有民间神话、故事、传说、叙事诗、民歌、谚语、谜语等，在民间也产生了有较深造诣的民间文学家。达斡尔族民间文学是由劳动群众把生产劳动和生活中的所见所想，逐渐用语言加工而形成的，是以劳动群众的生产劳动和生活为基本内容的，以民间口头文学的形式描述和积累起来的。民间文学把人们在生产劳动中所迸发、积累的认识、观念、愿望，以歌谣、神话、故事等形式表达出来。这些民间文学是留在达斡尔人心中悠远绵长的记忆，挥之不去。

一、散发远古气息的神话故事

古时候的人们，对于周围的世界、人类的来源有着许多猜想。达斡尔人也有很多关于人类来源的古老神话。达斡尔人把人类说成是天神“恩都热”创造的。恩都热用泥土创造了人，可是，泥人刚捏好的时候，天上卷起黑云，恩都热看就要下雨了，急忙把泥人拢到一起，不慎把有的泥人弄坏了。所以，人们出汗就会从身上搓出泥垢，人当中也有了瘸子、盲人。有人类的初期，天很低，人与禽兽是朋友，人们不用干活，整天过着无忧无虑的生活，那时天上下的雪是白面，下的雨是油。逐渐地人们变得懒散，浪费糟蹋粮食。恩都热很生气，一怒之下往高处飞去，天不再下白面和油，而是改为下雪、下雨了。此后，人们学着干活种地，知道爱惜粮食了。

达斡尔族古老的民间故事，具有浓厚的幻想性和离奇性。古代英雄故事中的英雄，多是好猎手“莫日根”，他们有的生来能骑善射，有的是在部落骑马、射箭、摔跤三项竞技中练就了本领。他们有搬起牛一样大石头的力气，有百步之内百发百中的箭法；有驰骋神马飞跃天堑、穿过相撞山峰的骑术；有敢于钻进蟒蛇肚子里揪其心脏的胆略，有几经死难而复生，只要一息尚存就去战斗的信念。这类故事有《库楚尼莫日根》、《洪都勒迪莫日根》、《绰凯莫日根》、《德洪莫日根》、《昂格尔莫日根》、《阿波卡提莫日根》等。故事中的英雄人物勇敢、智慧、充满力量，他们为了拯救百姓和亲人，借助于神灵保佑、神马相助、仙女救命，经过种种磨难和斗争，最终战胜强敌、获取胜利。

达斡尔族民间故事总是一种真情的诉说。在民间故事《黄马和花狗还乡的传说》中，说的是在清朝时期，朝廷在达斡尔族中抽调兵丁去新疆戍边。几年后，从布特哈地区西瓦尔图村跟队伍去的一匹黄马和一条花狗，却跋涉千山万水回到了家里。马、狗尚且知道思乡归家，何况人呢。表达了对远在数千里外的亲人的思念之情。关于达斡尔族过去曾有文字的传说中，说天神在把各种文字送往人间途中，渡海时遇到狂风巨浪，船翻后，装有文字的许多木头箱子被捞起，而装在铁箱子里的达斡尔族文字却沉入海底，没有捞上来，所以达斡尔人没了文字。达斡尔族的乐器“木库莲”（铁制口胡）就是打开装有达斡尔族文字的铁箱子的钥匙。箱子沉入海底后，接达斡尔族文字的人只取回了箱子钥匙。他惋惜地亲吻着漂亮的钥匙，拨动中间的簧片，弹出了美妙的音乐。此后，“木库莲”便成了达斡尔人的一种乐器。

二、敖拉·昌兴的诗歌《巡察额尔古纳、格尔必齐河流域》

敖拉·昌兴，又名阿拉布登，字治田，是原呼伦贝尔索伦左翼正白旗（今鄂温克族自治旗）南屯人。1809年（嘉庆十四年）出生，自幼识文习书，读过大量满、汉文学、历史书籍。23岁时为南屯执笔撰写了《壬辰年间乡村长老共议村事记要》。敖拉·昌兴创作的诗歌有70篇左右，开创了达斡尔族作家文学的先河。敖拉·昌兴的诗歌表达了对家乡、亲人的热爱，热爱自然、追求向上的美好情感，赞美超脱名利、清静自在的生活。1851年5月28日至8月7日，作为呼伦贝尔佐领，敖拉·昌兴奉命巡察中俄边境，创作了著名的《巡察额尔古纳、格尔必齐河流域》的爱国主义诗篇。这首诗歌约350行，记述了得到将军巡察边境的命令，与乡亲告别，会合齐齐哈尔、墨尔根的巡边队伍，巡察祖国边境的经历。

在《巡察额尔古纳、格尔必齐河流域》长诗中写道：

日以继夜奔波
丝毫没有误延
起早贪黑兼程
未曾感觉疲倦①

表达了对于守卫祖国职责的忠诚。诗中对于祖国的河山，更是由

---

① 奥登挂、呼思乐译．达斡尔族传统诗歌选译．内蒙古人民出版社，1991.

衷地赞美：

河两岸的峰峦
峭立犹如墙垣
岸畔的乔木
稠密胜似栅栏
鼎足河心的“蟒盖”哈迪
旋涡翻滚时险滩
直矗的玛林岩
超出群峰高耸天
明亮的牛尔河水
胜过揩净的镜面
“查干”哈达的岩石
洁白胜过雕琢的玉玕

当经过达斡尔族在黑龙江北岸的故地时，诗人望着城郭遗址和遗留下来的抗俄大炮，更是为 17 世纪中叶达斡尔族先辈英勇抗击沙俄侵略的气概而自豪。敖拉·昌兴写道：

扬名于世的雅克萨城
敖拉姓氏在这里发祥
观其废墟遗址
四方壕堑清晰可辨
乌力斯姓氏从这里发展
眺望其生成的轮廓
团团环绕似城垣

诗选　（毅松提供）

龙头山的山顶

轰击罗刹的重炮傲立峭坂

敖拉·昌兴的《巡察额尔古纳、格尔必齐河流域》，抒发了爱祖国、守疆土的义不容辞的神圣职责和对于祖国和家乡的热爱。这首诗歌真实、生动地记录了黑龙江流域边境以及达斡尔族等各族人民巡察北部边境的历史。

三、英雄叙事诗《少郎和岱夫》

在20世纪，达斡尔族民间形成了近三千行的叙事诗歌《少郎和岱夫》，这部以真实历史事件为题材的叙事诗歌，把20世纪初齐齐哈尔地区达斡尔族少郎、岱夫兄弟率领农民队伍反军阀、杀官豪、救穷人的起义壮举，描写得淋漓尽致、生动壮烈，也充分表达了达斡尔族对于英雄人物的热爱和赞颂。

叙事诗歌《少郎和岱夫》在达斡尔族中流传很广，不但在少郎、岱夫的家乡齐齐哈尔地区的罕伯岱村及邻近的地方，而且在莫力达瓦达斡尔族自治旗等地也有流传。除了以韵文体的诗歌形式流传以外，也有许多以散文体的故事形式流传。1980年齐齐哈尔市民间文艺家协会组织由李福忠、刘兴业、色热、那音太组成的民间文艺征集小组，在齐齐哈尔地区做了叙事诗歌《少郎和岱夫》的调查搜集和翻译整理工作，他们整理的5部叙事诗歌《少郎和岱夫》在《黑龙江民间文学》发表。在此基础上，2002年《少郎和岱夫》公开出版。

诗歌中以主人公少郎的口吻说出了少郎与岱夫起义的缘由：

我们家住罕伯岱哟

这里就是我家乡

我们是达族好后代哟
嫩江两岸任飞翔
逼得穷人没活路哟
我们决心拿起枪
打死老西子杀官兵哟
我们离家走四方

当少郎、岱夫在打草场被军阀的官军包围的时候，少郎怕枪战起来会伤了打草的穷哥们，为了“换得官兵不打枪”，少郎与岱夫宁肯自己被俘。叙事诗中唱道：

换得弟兄安全去哟
换得穷哥们不伤亡
卜奎咱去会吴大帅哟
看他把咱俩怎么样
脑袋掉了碗大个疤哟
把心挖出够碗汤
……
要想活捉我们俩哟
有个条件讲一讲
你把别人都放走哟
我俩束手叫你绑

少郎、岱夫的起义队伍不断壮大，聚集了四十多人，他们转战各地，袭击地主的响窑（土围子），分粮食给穷人，打击军阀。可是，在军阀的围剿下，少郎寡不敌众被俘。在气势汹汹的军阀面前，少郎毫无惧色。说到这儿叙事诗唱道：

少郎抬头望一望
带着轻蔑的神色讲
我从来没有后悔过
只有自豪和欢畅
我像鹰一样上过天
我像虎一样闯过岗
我杀过官兵无其数
我烧过响窑惊城乡
我给穷人出过气
我给富人报过丧
要说遗憾也还有
吴大舌头还没挨过我的枪

由于起义首领少郎被俘遇害，一场反军阀、杀官豪、救穷人的起义壮举也告完结。然而，少郎、岱夫等人的起义事迹却受到了人们的传扬。

四、当代达斡尔族文学

新中国成立以后，达斡尔族的文学事业走上了发展繁荣的道路，涌现出许多作家、文学评论家、诗人、词作家、剧作家等文学作者。这些文学作者立足于本民族生活和文化的土壤，积极开拓文学视野，把握时代脉搏，创作了反映达斡尔族生活的文学作品。也有的以其他民族生活为题材创作文学作品。他们用汉、蒙文和达斡尔语创作了数以百计的小说、电影剧本、诗歌、歌词、散文、文学评论等，展现了达斡尔族作家文学在当代的兴旺局面。

在20世纪50年代和60年代初，达斡尔族文学作者就开始发表文学作品。索依尔以蒙文发表了短篇小说《曾都老妈妈的家庭会议》和《牧马人道尔吉》，描写了牧民支援抗美援朝和在风雪中保护集体牲畜的故事。孟和博彦发表了以蒙古族嘎达梅林故事为题材的小说《在辽河畔》，以及《一棵老柳树的故事》、《喀尔沁老人》、《妇女突击队》和《永不残废的心》（与乌兰巴干合写），并创作了电影文学剧本《嘎达梅林》，出版了《欣欣向荣的内蒙古文学》文学评论、杂文集。巴图宝音发表了诗歌《兴安岭的早围》、《长长一串大轮车》等，他还发表了《猎村歌声》、《抗联爸爸》、《勇敢的交通员》、《鄂伦春赞》等小说、散文。吉雅发表了《小猎人》、《诺敏河畔的“扎莫”花》等文学作品。乌云巴图发表了短篇小说《莫克尔图河畔的达斡尔族牧民》、《呼德勤》、《生活的浪花》，中篇小说《红岸》和《在陶来图草原上》、《鄂温克族女司机》、《接羔员》等散文。哈斯巴图尔发表了《谢伦山上》、《春的火花》、《群山雄鹰》等小说、散文和报告文学。门都苏荣发表了《金星》诗集。新疆的祁克尔林秀发表了《达斡尔青年》、《一张照片》等小说。此外，还有思勤蒙和、伊克艾利等发表诗歌、散文、小说作品。

20世纪50年代到60年代初的达斡尔族作家文学，以歌颂共产党、毛主席和篷勃兴旺的新中国，赞美人民积极奋发建设新生活为主要内容。在探索挖掘生活、提炼题材和塑造形象方面，做出了许多努力，使得达斡尔族作家文学在诞生之初的新中国，就以清新、明快、进取、向上的风格跨入文坛。

1978年党的十一届三中全会以后，达斡尔族的作家文学掀开了繁荣兴旺的一页。三十多年来，曾在五六十年代崭露头角的文学作家孟和博彦、巴图宝音、乌云巴图、哈斯巴图尔、色热等，仍然孜孜不倦、勤奋探索，不断有新作问世。更为可喜的是，新一代年轻的达斡尔族文学作者茁壮成长起来，这支队伍有巴雅尔、额尔敦扎布、李陀、那顺保、苏华、杜娟、阿凤、苏莉、诺敏、苏勇、萨娜、娜日斯、鄂玉生、阿军、苏晓英、包玉霞、敖文华、金晶、高志军、多连荣、巴图得力格尔等。在各级党委、政府，特别是文联的关怀、支持下，这些年轻的达斡尔族文学作者，不仅深入了解生活，而且通过参加各种文学笔会，向作家老师请教学习；参加高等院校的文研班和自学，提高文学素养；凭着炽热的爱好，勤学苦练，写出了具有一定水平的小说、散文、诗歌、歌词和报告文学等。他们的作品在《呼伦贝尔文学》、《草原》、《民族作家》、《上海文学》、《民族文学》、《人民文学》、《十月》等报刊杂志发表问世。

当代达斡尔族作家文学有两个显著的特点，一是更加重视写本民族的生活，以反映达斡尔族生活为主，着力于写达斡尔人的风俗、心态、性格、愿望，特别是在改革开放新形势下，达斡尔人的民族精神与时代脉搏相结合，刻画了许多具有时代特征的人物形象。二是注重在创作艺术上探索和开掘，他们在深入体会了解生活，潜心把握民族情感的基础上，努力以更为适合表现达斡尔族性格和精神的艺术手法进行创作。三十多年来，达斡尔族作者发表的文学作品，有不少获得了国家、省、自治区各级奖励，为繁荣发展社会主义文学，推动达斡尔族文学的兴旺，作出了贡献。莫力达瓦达斡尔族自治旗编辑出版的文学期刊《纳文慕仁》，以刊登达斡尔族创作文学为主，出版了大量的达斡尔族作家的小说、散文、诗歌、歌词等文学作品。有力地推动了达斡尔族文学的发展。

第二节　来自山野大自然的艺术

达斡尔族的艺术包括有歌舞音乐艺术和造型艺术，艺术风格既浸染了大自然的质朴、和谐，又释放着民族性格中积蓄的热情、豪放。

一、原野上的山歌

达斡尔族把行走在原野上唱的歌叫“扎恩达勒”，它是山歌体民歌。在达斡尔人的生活中，总是要有“扎恩达勒”的。那悠扬的曲调，自由的旋律，宣泄着人间的孤独惆怅，驱赶着艰苦劳作的疲惫，抒发着生活中的憧憬向往。它像旷野里弥漫的花草味道，像山林间飘溢的清新气息，有着永恒的魅力。

在达斡尔人的传统里，“扎恩达勒”不在屋里、村里唱。人们在田间耕种、草原放牧、伐木放排、山野采集的劳作闲暇，骑马赶车的时候，总要唱起“扎恩达勒”。“扎恩达勒”从词义来说，有着“告诉”的意味，诉说是它的基本功能。“扎恩达勒”的曲调浸透了山水自然的优美、和谐、朴实的韵律，悠扬、高亢，具有自由随意的风格，音调可以高亢可以低沉，意境随心绪而欢欣和悲凉。听演唱的人，可以是放歌者的同伴，也可能是唱歌人自己。“扎恩达勒”可分为无词和有词两种。所谓无词的“扎恩达勒”即只唱出歌曲衬词“讷伊耶，尼伊耶”来填充曲调旋律，此外没有表达歌曲内容意义的词。它的曲调也不固定，可以见景生情，随唱歌者的感受、联想而发。歌唱曲调的长短、高低和旋律可以自由运用、创编。虽然没有直接道出具体内容，但歌唱者也能把所感所虑真切畅快地抒发出来，也体现了对于音乐本身表达情感的重视。有词的“扎恩达勒”是在无词的“扎恩达勒”曲调上填词形成的，在歌曲的开头或结尾处仍然要有“讷伊耶，尼伊耶”的衬词。这类歌曲有些是即兴吟曲填词，有些是形成了较为固定的词曲。“扎恩达勒”的内容非常丰富，包括劳动歌、生活歌、情歌等。在“扎恩达勒”《心上人》中唱道：

在岁月快速的流逝中，

春天的时光到来了，
放眼山野草原，
披上了嫩绿的新装。
讷伊耶，尼伊耶
飞来飞去的燕子，
总是成对成双，
心中思念的人儿，
总是走不出我的梦乡。
讷伊耶，尼伊耶

达斡尔族妇女在采集野菜时，置身于美丽的山野自然之中，忘掉了许多忧烦，唱出的歌子也很畅快。在《采野菜》中唱道：

草甸子优美，
野菜香，
姐妹把腰弯，
霎时袋子满。
采呀采，
采得欢，
野菜嫩又鲜，
轻轻抬手腕。
清清的水，
蓝蓝的天，
姐妹高兴回家转，
过日子要勤俭。

达斡乐族“乌春”手抄本　（毅松提供）

达斡尔族有着说唱风格的民歌“乌春”，也称为“乌钦”，可以译为说唱叙事诗。唱诵“乌春”多在冬季闲暇和劳动之余的夜晚举行。届时人们相聚在有老人的家里，请来“乌春”能手，坐在炕上听“乌春”。主人给唱诵者放上炕桌，准备茶水。在闪烁的油灯旁，唱诵者有声有色，娓娓道来。“乌春”的词语押头韵，具有较严整的韵律，由四句或更多的句子组成一个韵调。每首“乌春”短的几十行，长的几百行。有各自基本的曲调，曲式短小，旋律简单，一般以四句为单乐段。基本曲调可以随诗歌内容的情节、情感的发展而有所变化，以和谐的韵律叙说着人间惆怅和挣脱命运的愿望。传统“乌春”有些是叙说苦难命运，像婚姻不幸、当兵受苦、生活艰难、思念亲人等，还有颂扬英雄人物的。达斡尔人也把《三国演义》、《西厢记》、《封神演义》等古典文学名著译成达斡尔语“乌春”唱诵。历史上，也涌现出知名的“乌春”作家敖拉·昌兴、玛玛格奇、钦同普、孟希舜等，他们用满文字母拼写达斡尔语创作了大量的“乌春”，具体内容有叙述巡查边境表达爱祖国保家园的情感的；有叙述捕鱼、种地、打柴、赴甘珠尔庙会劳动生活的，颂扬了劳动人民勤劳、善良、纯朴的优良品德；有揭示人生哲理，规劝人们正确对待酒、色、财、气的。此外还有读书、节日生活等内容，极大地丰富了“乌春”的内容和表现力。

在“乌春”《读书》中表达了达斡尔族少年渴望上学读书的心情，以及父母对儿子要求上学的理解与欣慰，其中在儿子述说了上学的愿望后唱诵道：

父亲听了这话，
非常高兴地说道，
孩子你说要上学读书，
很值得赞扬称好。
学得知识本领，
一生都会用得着。
若是能弄明学透的话，
就像明亮的灯火燃烧。
若是没有学问知识，
不是像盲人一样吗，
你若愿意读书学习，
就送你去上学校。

20世纪上半叶，达斡尔族中形成了以领导农民起义的达斡尔族英雄少郎、岱夫的事迹为内容的“乌春”，长达数千行。这部长篇“乌春”把少郎、岱夫反压迫、抗军阀、杀官豪、救穷人的壮举，描绘得淋漓尽致、生动壮烈。艺人们还拉起“华昌斯”（四胡）伴奏，演唱《少郎和岱夫》。

达斡尔人在跳民间舞蹈时是用歌声来伴舞的，形成了许多专在跳民间舞时唱的舞歌。这种伴舞的民歌称为“鲁日格勒·道”或“哈肯麦勒·道”，即舞歌，是为统一众人舞蹈节奏步调的伴奏歌。在达斡尔族民间歌舞晚会上，有时候是唱歌者在一旁给舞蹈者伴歌，更多的时候是参加跳舞的人们边歌边舞。舞歌分为独唱、对唱、合唱。内容以歌咏自然景物、人与人的情感交流和充满快乐为多，有热情、活泼、风趣的风格，同华丽明快、节拍严整的曲调一起，达到感染众人、联系情感、烘托气氛的效果。这类民歌起初都是在跳舞时唱的，舞歌又具有独立性，不仅可作伴舞唱，也可以单独演唱。随着音乐的发展，许多歌曲都可以脱离舞蹈单独演唱。

达斡尔族“哈库麦勒”舞蹈多数是在唱《美妙的歌》的歌时开始的，歌中唱道：

在院外鹌鹑叫什么，
好像我给妯娌们唱的歌，
吉喂哟，吉喂哟，
和睦的歌。
在院内鹅在叫什么，
好像我给老人们唱的歌，
吉喂哟，吉喂哟
尊敬的歌。
山坡上的灰白色鸟叫什么，
好像我自己在唱歌，
吉喂哟，吉喂哟，
勤劳的歌。

在这首歌中，“吉喂哟，吉喂哟”是衬词。达斡尔族民歌的衬词有几十种，这些衬词起到了充实歌曲、穿插和衔接段落、增加歌词色彩的作用。而且有的衬词具有较为古老的意义，说明舞歌与舞蹈一样具有悠久的历史。舞歌有独唱、合唱，还有对唱。对唱采用互相问答的形式，更加增添了舞蹈的情感交流和活跃气氛。在《高高的个儿是什么人》中唱道：

高高的房子是什么房？

修饰最漂亮的是什么房？
简易省事的是什么房？
屋里屋外堆满垃圾的是什么房？
高高的房子是大楼房，
修饰最漂亮的是大瓦房，
简易省事的是土房，
屋里屋外堆满垃圾的是懒汉的房。

达斡尔族有一种器乐，叫作“木库莲”（即口胡）。它的琴鞘有10多厘米长，由圆形的一端延长成锥状的铁条制成，中间是头部弯曲的薄钢簧片，略长于口胡的主体。弹“木库莲”不受场地限制，人们多在表达思念家乡亲人、男女爱慕之情，排遣寂寞时弹奏“木库莲”。弹奏时，一只手握其圆形的一端，口中虚含琴鞘，口腔就自然地作为

弹奏木库莲　（毅松提供）

音箱，用另一只手弹拨簧片，便能发出清脆柔和的音调。技艺较高的人能奏出多种曲调。达斡尔人很珍爱“木库莲”，平时还装在绘有凤凰和花草的精制小木盒里。

族乐弹奏　（毅松提供）

达斡尔语把四胡称为“华昌斯”，是齐齐哈尔地区达斡尔族艺人说唱“乌春”时用于伴奏的乐器。艺人们自己制作“华昌斯”，在琴杆上雕龙刻凤，惟妙惟肖。用它奏出“乌春”的序曲、间奏，曲调随着叙事的进展跌宕起伏，加深了故事的艺术感染力。达斡尔族著名艺人二布库、胡瑞宝、那音太等，拉“华昌斯”演唱了著名的《少郎和岱夫》，堪称达斡尔族说唱艺术的精华。

新中国成立六十多年来，达斡尔族歌曲艺术得到了很大发展，创作了数以百计的达斡尔族歌曲。达斡尔族歌曲走出草原森林，在自治区、省和国家级舞台上和广播电视中演唱，也编为电视剧、电视片、电影的插曲、主题曲。此外，录制出版了《摇篮》、《达斡尔人家》、《莫力达瓦的祝愿》、《映山红花满山坡》、《忠实的心哪想念你》、《嫩水

四胡演奏 （毅松提供）

情歌》、《歌唱莫力达瓦》、《神奇的达斡尔》、《眷恋的故乡》、《莫力达瓦美》、《通福明太蒙语歌曲专辑》、《春到达乡来》、《达乡情》等达斡尔族歌曲盒式磁带、光盘。达斡尔族中涌现出许多从事音乐研究、创作、演唱、演奏的音乐人才。

二、篝火旁欢快的舞蹈

达斡尔语把民间舞蹈称为“鲁日格勒”，也叫“哈库麦勒”。传统上“鲁日格勒”和“哈库麦勒”都是由女人跳的，男人偶尔参与。

“鲁日格勒”其词的原意是“燃烧火焰”，揭示了达斡尔族舞蹈具有悠久的历史，起源于人们围着篝火生息劳动的早期狩猎时代。古老的舞蹈，没有雕琢、造作的成分，它直率、充分地表现了人们的内在心境和审美情感，并以群舞来昭示一种群体的共鸣和气势。在“鲁日格勒”中，一招一式都流露着这种远古遗风，散发着浓郁的生活气息。“鲁日格勒”多由妇女参加，正月新春之际，大地依然是冰雪世界，便在室内进行，由于受场地小的限制，人们轮番上场。而在踏青采集、劳动闲暇之时，多在户外进行。跳鲁日格勒时，是在“欣贝、欣贝”的呼号的伴奏中开场，一场鲁日格勒有时不用歌声伴舞，从头到尾都是用呼号伴奏。其中的呼号有“罕呗”、“秀吾勒”、“格库”、“达奇”、“哈木”、“哲嘿哲”等二三十种。而且，每个呼号要有相对应的舞蹈动作，舞蹈节奏由慢到快，气氛逐渐热烈，最后在“哲嘿哲”呼号的伴奏中一场舞蹈结束。活泼、粗犷、热情的“鲁日格勒”一场接着一场，人们意犹未尽。“鲁日格勒”内容丰富，它是许多不同类型舞蹈的总汇。其具体内容大致有模仿兽斗、鹰飞、布谷鸟飞、划船、摘豆角、打草、担水、梳妆、采集等。

“哈库麦勒”舞蹈与“鲁日格勒”有所区别，它是要有歌曲伴奏的，舞蹈与歌声在“哈库麦勒”当中交融在一起，每种舞蹈都有较为固定的歌曲伴奏。一场“哈库麦勒”的程式可以分为三段。第一段称为“哈库麦勒·呼苏古”（舞歌），以歌为主，以舞为辅，也称为赛歌段。多数情况下在《五样热情的歌》的歌声中开场，参加者合唱或对唱，有时是即兴填词，比试智慧和歌唱的才华。歌曲缓慢悠扬，轻松明快，人们组成一对、两对陆续到场地上跳舞，舞蹈动作比较徐缓舒展。第二段称为“麦日希贝”（跳起舞来），以舞为主，这段里歌曲和舞蹈节奏加快，表现出活泼生动、热情欢快的情绪。以两人一组，两人互相手搭肩上，另一只手在侧面压腕摆动。随后，一只手用腕顶腰，另一只手在面前横向摆动，轮换进行，然后高举双手在头的两侧摆动。第三段称为“郎图达齐贝”（挥舞拳头），为挥动拳头热烈舞蹈。随着舞场气氛的热烈，舞蹈节奏加快，歌唱逐渐变为“哲嘿哲”、“德乎达”等简短急促、风趣动听的呼号，人们时而双手垂向肩上，时而双手叉腰，摇晃着互相背对背交换位置。进入欢腾的时候，舞者两人面对面，左手叉腰，右手握拳向侧上方一收一伸地挥动，互相对应着呼号背对背交换位置，这时第三人以同样的舞姿从两人中间穿插。如果有一方舞步没跟上节拍则告退，很快另一个人要前来对舞。人们往往在赛舞者们胜负分明时，才在一片笑声中结束一场舞蹈。

舞蹈与歌声 （毅松提供）

新疆达斡尔人把舞蹈称为"贝勒贝"，其舞蹈有十几种，跳舞时用"敦卜日"（冬不拉）伴奏，载歌载舞，具有独特风格。其中有："达布"舞，为男女对跳，口呼"阿罕拜！秀喂!"舞词有"阿罕，阿罕，阿罕拜！阿很卡托你在哪儿？四面围拢来挡拦，结伴比翼齐飞翔。阿很奔宝！阿很春卓……"这里所说"卡托"为姑娘的意思，而"阿罕拜"是由"阿哈·哈讷贝"（哥哥在哪儿）简化而来的。由此可以认为"哈库麦"舞，早期可能是青年男女互相交往的一种方式。"斡仁特克"，由两个年轻男子对跳，表现小山羊的调皮劲儿。"耶尔克尔德克"，据说是为纪念伊犁来的一位为达斡尔人解救苦难的官员而编创的舞蹈。“沙博尔旦”舞，“沙博尔旦”是达斡尔人的一种饮食——稀面汤。该舞蹈由一男一女各拿一个盛水的碗来表演，无论站蹲、仰卧，还是两臂从头上、身前后绕过，都要端平水碗，难度很大。“索日托卡”，即醉舞。还有点灯盏舞、拾牛粪舞、碾米舞等舞蹈。[①]

音乐家通福音乐广场　（毅松提供）

新中国成立以后，达斡尔族舞蹈艺术得到发展。20 世纪 50 年代，内蒙古文艺工作者就整理创作了《哈库麦舞》、《布谷鸟舞》等达斡尔族舞蹈。莫力达瓦达斡尔族自治旗乌兰牧骑创作了《映山红》、《嬉水姑娘》、《采集舞》、《巴特罕当格丰收了》、《凿斯巴特贝》、《莫力达瓦伊“乌音”》等许多反映达斡尔族生活的舞蹈。自治旗文化馆还深入基层搜集民间舞蹈，创编了六套达斡尔族集体舞。这套集体舞创编后，组织开展了职工、中小学生集体舞比赛，组织了自治旗成立三十周年

① 奥登挂．我所知道的达斡尔族舞蹈．艺术学院学报，1990（2）．

庆典的大型表演。1983年，莫旗乌兰牧骑代表自治区参加全国乌兰牧骑式演出队文艺会演，14个节目获得22项奖，获得7个优秀节目奖，并被评为全国乌兰牧骑先进集体，是参加会演的16个队中获奖最多的。1984年，又受国家民委和文化部委派，到四川、西藏巡回演出60多场，把达斡尔族歌舞节目带入更为广阔的舞台。舞蹈《鲁日格勒》、《嬉水姑娘》在1990年由呼盟民族歌舞团带到荷兰、瑞典和北京丰台，两次参加国际民族民间艺术节的演出。其他由文艺团体表演的《渔乐》、《坤布勒飘香》、《悠悠嫩江情》、《曲棍情》、《放排人》等达斡尔族舞蹈，都参加盟、自治区级的演出并获奖。

三、来自大自然的灵感

达斡尔族的造型艺术有绘画、雕刻、剪纸、刺绣等。这些造型艺术与达斡尔人的生活有着密切的联系。

达斡尔族传统绘画主要有三个方面：一是萨满教绘画。达斡尔人曾把山中的粗白桦树去皮，在上面绘制“白那查”神像。在木板、纸和布上绘制神像。在纸上绘的神像形象细腻，涂有彩色，技艺较高。二是在桦皮器皿上绘画。在用桦皮做的桶、盒等上面用墨绘制图案，内容有草木、山水、鸟兽、亭阁等，在图案上面再涂上一层桐油，不仅能保持图案色调不退，也使桦皮制品更为美观。三是图样绘画。达斡尔族妇女在缝绣鞋面、烟荷包、枕头顶等时，都要先打墨稿，把图案绘在纸上。这些墨绘图案，勾线匀称流畅，造形美观，是达斡尔族传统绘画艺术的珍品。

达斡尔族的雕刻艺术可分为木雕和骨雕。木雕的内容，有桦木制的木碗、木盆和木制神偶，有桦皮器皿的图案雕刻。在炕柜、炕桌上，也要雕刻简单的纹样。技艺很高的是隔扇的雕刻，它包括雕圆形对称汉字图案和门上雕花木兽禽，是古朴典雅的艺术品。骨雕的内容，包括用犴骨等制作筷子、衣扣等。达斡尔人自制的烟袋锅，在杏根木烟袋锅上用犴骨镶圈，并在骨圈上雕出呈三角、菱形的圆点，起到美观之效果。

达斡尔族木雕　（毅松提供）

新中国成立后，达斡尔族也涌现出一些雕刻艺术人才。莫力达瓦达斡尔族自治旗艺匠毛吉的木雕猎鹰，陈列于内蒙古博物馆。林和布的木雕门扇、工艺模型等，在《中国达斡尔族文化展览》中展出。原在海拉尔市政公司工作的雕刻家吴守禄，在雕刻方面成就显著。他把达斡尔族传统艺术与现代艺术相结合，以独特的艺术风格，在桦木、榆木、牛角等材料上，雕刻创作了《达斡尔族猎人》、《山神》、《木碗》、《摇篮》、《曲棍球》、《马》、《木库莲》、《达斡尔老人》、《神马》、《猎归》、《渡口》、《浴女》、《砍柴人》、《山奥》、《远古之梦》等作品。

柜子上的木刻　（毅松提供）

达斡尔族的剪纸艺术包括图案剪纸和玩具剪纸。图案剪纸主要作为衣袍鞋靴、摇篮头衬和桦皮器皿上的装饰图样，图样古朴大方，具有浓郁的生活气息。根据剪纸图样再剪布、皮、桦皮制作装饰图案。玩具剪纸有“哈尼卡”（纸偶）头形剪纸，它是把折纸对称剪出人头和发冠形状，发冠有梳辫、戴各种头饰等，是十分精湛的艺术珍品。玩具剪纸还包括近代用硬纸剪折车马，供幼儿游艺。达斡尔族的当代剪纸艺术有了一定的发展，涌现出苏梅、杜玉臻、乌日娜等剪纸艺术家。

达斡尔族姑娘到十二三岁，就开始练习刺绣。刺绣成为衡量姑娘、媳妇心灵手巧的标志，所以在艺术上达到了很高的水平。达斡尔族的刺绣艺术用于鞋面、枕头顶、摇篮头衬、烟荷包和衣袍领、袖、襟、下摆的边等。刺绣风格自然朴实、色调和谐、生动秀美。绣像内容有花草、鸟兽和山水树木、小桥亭阁等，也有汉字吉祥图样和汉族古典名著中的情节。

第五章

伴随生活的岁月

第一节　古朴秀丽的丝缕风韵

达斡尔族的服饰习俗与他们的生活环境和生产生活方式有着密切的联系。由于生活在黑龙江、嫩江流域的北方寒冷地区，加上从事猎业生产，历史上达斡尔人主要用狍皮做服装。达斡尔人用狍皮做不同季节穿的长袍、帽、靴、套腿、手套等，也用其他兽皮、羊皮做衣袍等。达斡尔人虽然自己不织布，但是在 17 世纪中叶以前，就通过商业贸易获得布料，制作布料服装。

一、衣袍

达斡尔族的衣袍以兽皮和布为料，有多种式样，平常和劳动时穿的也有所不同。

男人穿皮衣袍。达斡尔语把皮长袍称为“德力”，是男性的冬季服装。它下摆长过膝盖，右侧开衽，用骨扣、铜扣或布条编结的扣，绒毛朝里，外面为皮板，穿时扎布腰带。据达斡尔族学者钦同普所著的《达斡尔民族志稿》（民国时期）载，过去也在长袍外穿上用鹿或犴皮做的马褂，其皮质坚厚，从前征战时作为护甲，“箭矛不能透”。达斡尔人也用貂皮、猞猁皮、羔羊皮或水獭皮制作绸缎吊面的长袍，很是讲究。

衣袍 （毅松提供）

狍皮服装 （毅松提供）

达斡尔族妇女的衣袍用布料制作，男人的内衣裤和夏季衣服也用布料制作。男人的布衣袍以蓝、灰色为多，妇女的衣袍有蓝、绿、红等多种颜色。长袍比较宽松，除襟以外不开衩，穿时不扎腰带。比较讲究的长袍，沿领子、开襟、下摆都缝有镶边。用绸缎做的长袍，还要内衬白布里子。男人穿长袍时一般要扎腰带。达斡尔语称腰带为“博斯”。腰带为布料或绸料。特意拜访长辈时，男人一定要扎腰带，这也是一种礼貌的表现。扎腰带后，在上面也佩挂烟荷包、刀具。达斡尔人在夏季劳动时，穿布料的“绥毕”（套裤），比较讲究的在上下口镶布边，膝盖处贴缝图案。过去，无论男女在劳动时都穿这种套裤。妇女在劳动时系布围裙，有的在上面绣花草图案。

二、帽子、手套

达斡尔人用兽头皮做的帽子，称为“米阿特·玛格勒”，多用狍子皮做，头皮上保留狍耳和犄角，在眼孔内镶入黑亮之物作为眼睛。用狐狸或猞猁皮毛做帽耳。这种帽子冬季戴，能为猎人接近野兽起到伪装的作用。

达斡尔语把手套称为“博力”，多用狍皮制作，毛朝里。有三种样式，一种是“哈奇·博力”，即两叉手套，拇指为一个小套，其他四指为一个大套，勒到腕处，用冬天的狍皮制作，是劳动时常戴的。另一种是“额莫提·博力”，样式同前一种差不多，不同的是，它的勒长到小臂，戴时用皮带把上口扎紧，在手腕处开有活口，便于

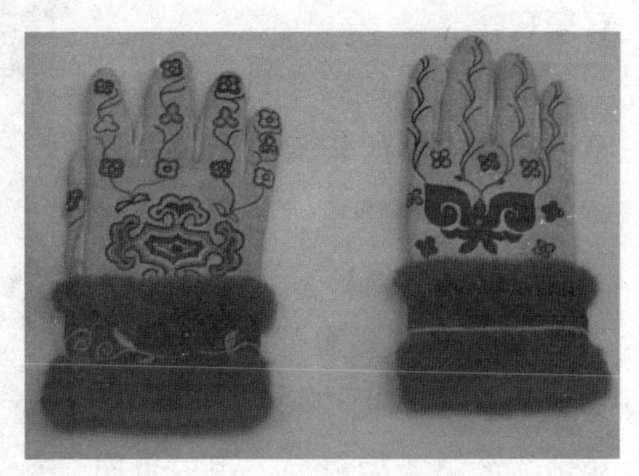

达斡尔族手套　（毅松提供）

在劳动中随时把手露出。再一种是“霍若·博力”，即分五指的手套，用秋天的狍皮制作，毛较短，在腕口处接缝布勒或兔皮、猞猁皮毛勒、在指头、指关节、手背处贴缝用绒布、兽皮剪的花纹图案，并加各色丝线，秀气美观。

三、靴鞋

达斡尔人用狍腿皮做的皮靴，称为“奇卡米”，是比较讲究的冬用皮靴。一双“奇卡米”需用16张狍腿皮做靴面和靴帮。狍子的前腿皮毛色美丽，用于做靴帮，用后腿皮做靴面。缝制靴帮和靴面时，把狍腿皮按毛纹、色泽搭配得当，显得美观。在靴帮上口缝蓝布边或彩绸边。靴底是用柔软的鹿颈皮或牛脊皮做的。“奇卡米”靿高到小腿，穿起来轻巧、美观、暖和、防滑，在雪地上行走不出声响。因此，达斡尔人在节日喜事、走亲访友或出猎、走远路时，都喜欢穿它。

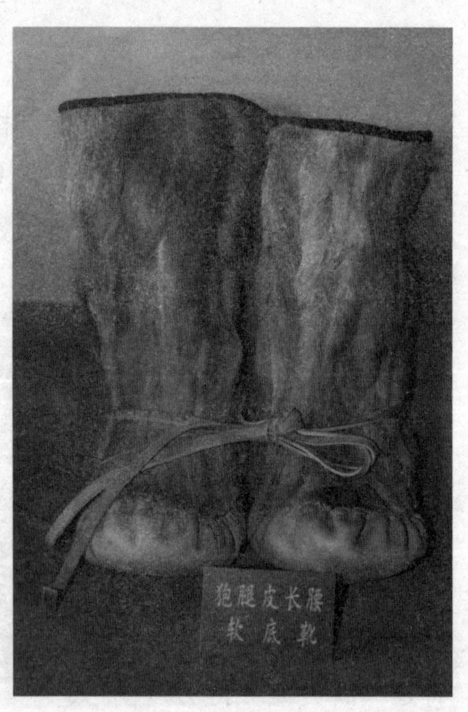

软底靴　（毅松提供）

其他靴鞋还有：“塔特玛勒”，是用狎腿皮做的长靿靴子，一双靴子用8张狎腿皮，毛朝外，做法同“奇卡米”差不多。

“郭绰日”是布靴，分为夏季穿和冬季穿两种。夏季“郭绰日”用纳线的袼褙做靴底，用白色布做靴帮，沿靴帮的边沿用蓝、黑色布缝上云卷形图案，既起到装饰的作用，又耐磨结实。冬季“郭绰日”用软牛脊皮做底，布帮也较厚，穿起来轻便舒适。

直到20世纪50年代，达斡尔人还比较完整地保持着上述传统服饰习俗，到70年代，老人们仍然穿长袍，人们穿狍腿皮做的“奇卡米”，穿传统手工做的鞋。然而，到了90年代，由于社会经济的发展变化，在达斡尔族聚居区平常已经没有人穿传统的民族服装了。传统的民族服装已经成为存放于箱柜中的“文物”和民族的记忆。在现在开展的民族文化活动中，达斡尔人穿民族服装的在增多。可以说，达斡尔族服装已从应用于人们的生活劳动，转向应用于民族文化和民族风采的展示。这种展示蕴含了人们对民族服装标志作用的理解和民族文化认同的回归。

第二节　品味多样的饮食

由于达斡尔人从事农牧渔猎业等多种经营，饮食来源于多业生产，形成了品味多样、主副食搭配、注重原味为特色的饮食文化。在达斡尔族饮食中既保留有古老的烹饪野生菜果、兽禽肉、鱼类的饮食习俗，又具有以米面为主，肉乳蔬菜为副的农牧文化特色的饮食习俗。这在我国各民族当中，是很有独特风味的。

达斡尔族饮食可分为主食、副食、饮料和零食几个方面。

一、主食

达斡尔族的主食是米、面。

历史上，达斡尔族的米食多为稷子米，达斡尔语称“忙格勒莫”。稷子米经不同的加工，分为两种，一种称为“敖苏莫”，是经过蒸沸后炕干磨出的稷子米。这种米没有黏性，有轻微的糊巴香味，用于做干饭和做鲜牛奶粥。其中干饭是达斡尔人的日常主食。另一种称为“希吉莫”，是不经蒸沸炕干而磨出的稷子米，稍有黏性，也可以做干饭，但多用它做牛奶熬的稠粥，即“拉里”。“拉里”具有黏性，食用时拌入黄油和白糖，有着香、酸的味道，是节日里不可少的饮食。其他米食为：燕麦米饭，达斡尔语称为“夸林颇·布达”，是用经蒸沸炕干后磨出的燕麦米做的饭。

新疆达斡尔人的抓饭　（毅松提供）

面食以荞面为主，制作的荞面食品种类很多。其中有：“拉日斯·布达”，即短面条。在清水中煮熟，吃时拌酸牛奶。“班拉申·布达”，即手指压面条，呈柳叶状，在鲜牛奶中煮熟。“贺日克勒森·布达”，即刀削面，在鲜牛奶或禽肉汤中煮熟。“贺日格·布达”，意为拇指面，是用一只手的拇指在另一只手掌上搓成的荞面薄卷片，在狍子肉或禽肉汤中煮熟。“达勒·布达”，即饸饹面，把面经饸饹床轧出，在水中煮熟后过清水，吃时浇肉汤或拌酸牛奶。传说是用大牛的肩胛骨（达斡尔语称为“达勒”）钻眼轧面而得名，作为节日饮食，也用于招待贵客。此外，用荞面烙苏子馅饼、肉菜馅饼和蒸饺子。其他面食还有，用稷子米面蒸的发糕及各种糕点等。

近百年来，白面开始成为达斡尔人的主要面食。吃法有做面条、馒头、烙饼和水饺等。很有民族特色的食品有“托古列”，即用鲜牛奶煮面片，拌奶油、白糖吃。也有白面夹奶油、白糖、山丁子粉和倭瓜子，放入刻有花纹的方圆形模子里压成月饼，然后烙熟，作为农历八月十五的节日食品。

二、副食

达斡尔族的副食有肉、牛奶、蔬菜、苏子等。

在冬春季节吃肉类较多。其肉食包括狍子、野猪、沙鸡、野鸡等野生兽禽、鱼和猪、羊、牛、鸡肉。在牧区生活的达斡尔人以羊、牛肉为主，而在嫩江流域生活的达斡尔人以猪、牛肉为多。一些从事猎业的达斡尔人，野生兽禽肉的饮食占很大比重。烹做肉类的主要方法有手把肉、炖菜、炒菜、馅和汤。

达斡尔族风味饭庄　（毅松提供）

牛奶是达斡尔人最常吃的副食，在饮食中有着重要地位。达斡尔人常说“有了牛奶就不算没有油味”，当然就是不愁吃饭了。鲜牛奶除用于煮面食和烧开后泡米饭外，也加入豆角炖菜中，用于调味。达斡尔人把牛奶装入坛子里放在热炕上，制成酸牛奶。对于酸的不同程度的牛奶，有“额腾·苏”、“朱松·苏”或“齐嘎”的不同称谓和吃法。酸牛奶主要用于拌米饭和炒面食用。

达斡尔族的蔬菜饮食历来很丰富。达斡尔人家房前屋后的园田里，种有土豆、白菜、葱、韭菜、豆角、茄子、辣椒、青椒、黄瓜、倭瓜、角瓜等蔬菜。蔬菜之中，达斡尔人爱吃的、最常吃的是豆角。其他蔬菜多为炖菜，还有做馅和炒菜、咸菜、酸菜。

为了在冬春季节也能吃到蔬菜，达斡尔人也加工储存，其方法主要有四种。一是做干菜。把扁豆角、角瓜、茄子用刀削成细长条晒干，然后编成辫存放。二是腌酸白菜，用于做炖菜。三是腌豆角、茄子、白菜、胡萝卜、黄瓜的咸菜。四是做菜末，把白菜或青椒、红辣椒碾成末，加适量的蒜泥和盐拌匀即成，称为“因得森·努瓦”，是很有特色的佐菜。

晾晒野菜　（毅松提供）

采集野菜是人类获得食物的原始方式，达斡尔人至今保持着食用野菜这一古老的饮食习俗。采集来的野菜可做成正餐炖菜、佐食小菜、拌做米饭和馅饼。野菜之中达斡尔人格外喜爱、引以为民族风味的是“昆比勒”（柳蒿芽），不仅趁鲜食用，而且大量晒干存放，可食用到第二年采集季节。达斡尔人还采集野韭菜花，经碾成末后拌盐做成“索日斯”（野韭菜花末）。达斡尔人家多的做几桶“索日斯”，作为每餐的佐菜。

达斡尔人过去种植苏子（也称紫苏），用于炒菜、炖菜、烙饼、炸糕点，是主要的食用油。

达斡尔人过去种植黑豆，把经炒的黑豆碾碎，和盐、水做成辣酱，作为作食，用葱、小白菜、黄瓜蘸食。

达斡尔人的传统烹饪用盐、蒜、葱、辣椒等作为调味品，利用这些调味品的赋味作用的前提，就是与食品本味相协调，增加食品的香味、鲜味，矫除其中异味，使得饮食更加可口。

三、饮料

达斡尔族的饮料有牛奶、茶、酒、野果粉等。

牛奶在传统饮料中有突出地位。除煮开鲜牛奶饮用外，多是喝酸牛奶。夏季里，在外劳动回到家里，总要喝一碗酸牛奶解渴。到农田劳动或采集时，把酸牛奶盛入“冲古罗”（桦皮桶）里，携带饮用，起到解暑的作用。当客人来到家里，端上一碗酸牛奶，会给客人一种宾至如归的感受。在牧区生活的达斡尔人每天奶茶不断，饮用时泡入些奶皮、奶干和奶油，浓香四溢。达斡尔人用奶油炒稷子米（其他米也可以），稍有糊巴味时，放入煮牛奶的锅里，熬开后即为米奶茶，是很有特色的饮料。

达斡尔人采集野生植物当作饮料。其中有“切·欧斯”（意为做茶的草），即黄芪。在秋季采集晒干，经热锅蒸后，趁其潮时压成坨。使用时掰下一块放入水中烧开饮用。春夏之季，到山里劳动的人把桦树皮剥开一道口，饮流出的桦树汁解渴。秋天，采集山丁子晒干碾成粉，拌入白糖后，冲开水饮用，是十分鲜美可口的饮料。

过去，达斡尔人采用蒸馏法酿酒，有两种自制的酒：一种是奶酒，用牛奶酿的称为“沙日·阿日给”，用马奶酿的称为“车坡日特”。另一种是稷子米酒。达斡尔人称之为“达斡尔·阿日给”（达斡尔酒）。

四、零食

达斡尔族的零食主要有野果和瓜类，是孩子们在闲暇时的食品。

作为零食的野果有：“楚出”，即榛子。每家能采集一两麻袋“依冒勒”（剥去秸的榛子）。达斡尔人一般用小铁锤在炕沿上敲碎榛子皮，食其榛仁。年头长了，每家的炕沿上都有留下的小坑。“洪扑日”，即野山楂，也叫山里红。采集后放入坛子里使其果实生厚熟透，为了效果好有的还把坛子埋入土中。其有鲜嫩清酸味道，是孩子们喜爱的零食。山丁子和稠李子，采集后趁鲜零食。把熟透经霜冻的山丁子拌上白糖食用，别有酸甜的清鲜味。其他作为零食的野果还有“归勒斯”（山杏）、“霍兰尼”（欧栗子）、“扎莫”（野玫瑰果）、“楚朱乌讷”（草莓）、“纳日”（都柿）等。达斡尔人很早以来就自家种西瓜、香瓜，但种得少，只用于零食。所种香瓜之中，有称为“达斡尔·吭克”（达斡尔瓜）的品种。园田里结黄瓜时，人们随时摘来作为解渴的零食。把倭瓜子晒干，不炒，作为孩子们的零食，多的人家能晒干一面袋子。冬季里，在炕里余下的炭火中埋几个土豆，煨熟食用，也别有风味，是老人喜爱的一种零食。

第三节　井然有序的家园

达斡尔族的村落依山傍水，家园规划有序，映衬出一种和谐向上的生活景象。

一、傍江河建立的村落

达斡尔族很早以来就定居生活，傍江河建立村落，建筑土木结构的住房。由于生活在我国的北部边疆，受到气候等自然条件和生产活动的影响，形成了很有北方民族特色的居住习俗。

17 世纪中叶以前，达斡尔族居住在黑龙江以北中上游流域，在那里建立了许多村落和城堡。据史料记载，达斡尔族的城堡有内外层圆木中间填土的城墙，墙上有几个射箭用的塔楼，塔楼下是门。墙外有一道深沟。住房为木结构，房舍窗子很大，上面糊着窗纸，每座房子可住五六十人。

17 世纪中叶，达斡尔族陆续迁到嫩江流域。在嫩江流域较早建立的村落，都以一个“莫昆”（氏族分支）为单位建立一个或几个村落，同一“哈拉”（氏族）中各莫昆的村落相邻建立。村与村的距离近的几里，远的有二十多里。同一哈拉的村落基本上形成一定的聚居区域。一些村子还保持了在黑龙江北岸的原有名称。达斡尔人建村最讲究的就是选择在江河边地势较高的地方。嫩江中上游地区达斡尔族村子，还建在靠近山林的地方，以利于伐木拉柴，狩猎采集。达斡尔族村落占地比较宽阔，各家的住房东西成趟，每座住房的左右、前后相隔很大距离，中间开辟有园田、院落。村中以东西为干线形成纵横的车马道路，通向村外。整个村落的设置规整有序，呈现出和谐兴旺的景象。在 20 世纪上半叶，村中除各家住房外，在较大的村里建有“阿勒比·

达斡尔族村落 （毅松提供）

格日”，即公房，用于传达公务和村中聚会。为了防止土匪的侵扰，布特哈地区的一些村，建筑了有3米高围墙的“炮台”。围墙内有三间公房，院子很大，能聚集全村人。在围墙的四角有可以瞭望和射击的炮台。这一公共建筑的设立，对于维护村民安全起了很大作用。有一些村还有“阿勒比·霍列”，即公共畜圈，建在村边的高坡处，在全村统一放牧时，用于夜里圈所有的牧畜。目前，由于外来人口迁入和达斡尔族的频繁迁移，原来的一部分达斡尔族村落已没有达斡尔人居住，达斡尔族原来的以哈拉、莫昆建村居住的传统也日趋削弱。

二、窗子多的住房

达斡尔族以家庭为单位建房居住。住房均坐北朝南，有住房建得不是正南正北，需稍偏一点的说道。传统的住房多为三间房和两间房，也有少数五间房。达斡尔人多在春天农牧劳动较少的时候建房，也便于在前一年秋天备齐木料、草坯和苫房草，在当年入冬之前来得及抹几遍泥，保证冬天室内暖和。

住房　（毅松提供）

窗子多并西面开窗是达斡尔族住房的一个特色，这样有利于室内采光和通风。三间房有 10 扇窗子，其中西屋南面 3 扇，西面 2 扇，中间房门的两边各 1 扇，东屋南面 3 扇。传统的窗子分为上下两扇，上扇可以支起敞开，下扇可以向上抽出取下。窗扇由相距 10 厘米的细窗棂纵横交错组成许多小格子，外面糊窗纸，在窗纸上喷上豆油，起到防雨雪潮湿和透亮美观的作用。室内西屋的隔扇门的制作比较精制，讲究的以红松为原料。门的上面框镶有 5 块 40 厘米左右长宽的木板，每块木板上雕刻图案，多是“福、禄、寿、喜、财”等具有吉祥意味的圆形汉字图案，字的四个角上各装饰一个起衬托作用的云卷纹样。达斡尔族的住房无论二间、三间，都以西屋为贵。

三、井然有序的院落

达斡尔族在住房的四周筑墙围成院落，达斡尔语称之为“夸阿”。宅院为长方形，占地较大，基本上有四种圈围方法。一是“库谢”，即柳条编的篱笆。二是“哈迭”，即木板墙。三是“柯金”，即土坯墙。四是“巴勒莫勒”，即用木杆夹成的障子。在南面开院门，一般是立两个 30 多厘米粗的木门柱，相隔距离为能过拉草的大轱辘车。门柱上凿出两三个孔，需关门时，横穿木杆即可。比较讲究的院门，设有“都

仓房　（毅松提供）

喀·格日”，即在大门两侧各有一间门房，中间是木板门。有的人家还有两道套院的大门，称为大门、二门。院内建“桑格勒”，即仓房。多设在西侧，便于采光，也有的人家在东、西两侧各建一个仓房。在草原和平原居住的达斡尔人，也用土坯建仓房。院子的西南角建牛圈，东南角建牛犊圈、马圈和畜草圈。院门外堆放烧柴。牧区达斡尔人在

院门外或房后用柳条编成“阿日格勒·库谢”，即圆形篱笆，用于放燃用的牛粪。达斡尔人家宅院中很别致的是，在住房的西窗外有约 10 平方米的“依勒嘎·克日哲”，即花园。里面种有“托日乌·依勒嘎”（郁金香）、“孛日伯特·依勒嘎”（地丁）等。

四、“阿那格”野外劳动时的居住

达斡尔人到外从事狩猎、放排、打草、放牧、种地、运输等劳动时，都要在野外住宿。根据在一地住宿时间的长短，采用不同的方法。这些住宿方法一方面是达斡尔族古老居住习俗的遗留，另一方面也体现出居住习俗的丰富多样。在狩猎生产中，达斡尔人多是组成“阿那格”（野外生产小组）前往。“阿那格”中几个人选择山林阳坡处露天宿营。达斡尔人在野外劳动时经常是搭建“阿那格·格日”和“绰荣·格日”作为临时居住处。这两种野外住房能够遮风挡雨，而且“绰荣·格日”还可以在室内设灶做饭，比较方便。从事运输或赶远路的人，夜里就住在乘坐的“木拉日·特日格”（有篷的大轱辘车）上。过去达斡尔人实行远耕近牧，耕地离村有十几里地远，几家在耕地附近合建一栋房子。“台烈·格日”为土木结构，比村里的住房要低、窄，一般为两间，开两扇窗，内设南北两面炕，西面只搭有两个烟道的窄炕。随着在一地的“台烈·格日”的增多，人们长期在那里居住，便形成小型村落，达斡尔语称之为“托日苏”。在达斡尔族地区，有一些村子就是从“托日苏”发展起来的。

第四节　热爱体育的民族

达斡尔族是热爱体育运动的民族，有多种多样的传统体育活动。在传统的民族社会中，氏族部落中的好莫日根（猎手）多，才能保障大家的共同生存。所以，氏族部落舆论鼓励并创造条件，培养和锻炼优秀莫日根。直到20世纪40年代，在达斡尔族的“莫昆”（父系氏族分支）每年祭敖包时，都要举行射箭、赛马和摔跤等体育活动，在“哈拉”（父系氏族）内部各莫昆之间也要进行射箭比赛。培养优秀猎人、牧人，促进人们强身健体、增长技能的体育活动，是达斡尔族悠久历史和文化中的组成部分。

一、传统竞技体育游艺

射箭是达斡尔族一个重要的体育项目。

射箭比赛多在祭敖包等众人集会的场合举行。届时，在哈拉内部以莫昆为单位，各出人数相等的射手参赛。各莫昆族众都来围观助阵。比赛之前，需杀一口肥猪，把肉煮熟给射手们享用，然后开始比赛。以中环多者为胜。如果再继续进行一场比赛时，则杀一头三岁牛，费用由败方承担。①

有匹好马是达斡尔人感到非常荣耀的事。赛马则是展示自己的马匹和骑技的机会。赛马除了平时几个人骑马相遇，跑上一段以试高低以外，一般在春节和祭敖包时举行。选择宽敞的草原作为比赛场地。赛马分为竞速度和竞耐力两种。速度比赛距离一般为3～5公里，耐力比赛距离为10公里到20公里。② 当骑手们进入起跑线后，发令人一声令下，骑手们便扬鞭催马，飞驰而去。最后以先到达终点者为胜。在敖包会正式赛马时，给赛马领先的骑手以物质奖励。

在劳动休息间隙和闲暇之时，人们常以摔跤来锻炼身体和娱乐。达斡尔人摔跤分为抓肩头和抓腰带两种。当双方互相抓住肩头或腰带后，比赛就开始了。双方不仅要以力量取胜，更要以娴熟的技巧和灵

① 珠荣嘎、满都尔图主编．达斡尔族社会历史调查．内蒙古人民出版社，1985：288.
② 珠荣嘎、满都尔图主编．达斡尔族社会历史调查．内蒙古人民出版社，1985：288.

拉棍和颈力　（毅松提供）

活的动作取胜，可以采用勾、绊、压、背、旋、抬等技巧将对方摔倒。

拉棍和颈力是具有特色的体育活动，简便易行，不受场地的限制，男女老幼皆宜。拉棍时，两人对坐，放平双腿，脚心相对，都伸出双手交错握住一根约 60 厘米长、几厘米直径的木棍。裁判发令后，两人用力往各自方向回拉木棍。将对方臀部拉起离地者，即为胜方。在比赛中，如果斜倒或松棍者，则被判为败。进行颈力比赛时，双方坐姿同拉棍相同，双手放在腿上，把平常用的长宽布腰带的两头系结成为套状，套在双方的脖子上。比赛开始时，双方用力蹬腿后仰，臀部被拉起离地者即为败方。

在达斡尔族传统体育活动中，最受人们喜爱的项目是曲棍球运动。达斡尔族地区素有“曲棍球之乡”的美誉。达斡尔语称曲棍球场地两端设的球门为“阿那格”或“耶热”。“阿那格”意为狩猎营地，“耶热”意为野兽洞。由此，可以把曲棍球运动同达斡尔族在狩猎中到猎场安营扎寨，并到野兽洞口堵击野兽的活动联系起来，说明达斡尔族的曲棍球运动有着悠久的历史。达斡尔族把打曲棍球的球棍称为“贝阔”。球棍是用根部弯曲的幼柞树制成的，有1米多长，把自然弯曲的树根部作为击球部位，并将其削成扁状。把曲棍球称为“朴列”，有拳头那么大，分为毛球、木球和火球三种。毛球是用畜毛团成的，轻软而且有弹性，打出后滚动较慢，适于少年儿童击打。木球用杏树根制成，木质坚硬，不易被击碎和破损，供青年和成年人击打。火球则是用桦树上硬化了的白菌疙瘩制成，在球上钻孔填入松明或其他油质易燃物，点燃后久不熄灭，用于夜间击打。在朦胧的夜色中打火球，犹如群龙戏珠。火球穿梭，划出一道道绚丽的弧线，人声喧腾，伴随着一阵阵赞叹和喝彩，场面十分壮观。

传统曲棍球　（毅松提供）

传统曲棍球的打法是，分成人数相等的两队，几个到十几个人不等，有守门员、后卫、前锋。场地大小可根据参加人数确定，人多时有半个足球场那么大。在场地的两端，双方各竖起两根木棍作为“球门”。比赛时，在场地中线处发球，双方你争我夺，比赛以攻入对方球门的球多者为胜。比赛中规定：不得打高球和用手抓球；除守门员外，不得用脚踢球；不得扔出球棍击球，不得用球棍打人、绊人等。过去，在冬春和秋季，都能在达斡尔族村屯见到青少年聚集在一起打曲棍球的热闹场面。农闲之时，成年人也举行曲棍球比赛。在氏族聚会和节日的时候，更少不了打曲棍球。曲棍球运动的开展，对于培养达斡尔族勇敢顽强、机智敏捷、群体合作的优良作风，起到了很好的作用。

傍江河而居的达斡尔人特别喜爱游泳广为开展，夏季，村子附近的江河里是青少年嬉戏锻炼的乐园，几人或十几人同去，游泳的方法有蛙泳、侧身泳、仰泳、自由泳、潜泳、踩水等，比赛主要赛横渡江河的速度和击水技能。

除上述以外，达斡尔族的体育游戏活动还有驮马摔跤、夺宝等。

二、传统智力体育游艺

达斡尔语把鹿棋称为“博格・台里贝”，棋盘的主要部分为方形，有纵横五道线，斜线三道，在方形外侧的两头各有一个里面画有十字的三角形、菱形，称为“山”。棋盘可在木板、纸板、沙地上绘出，棋子包括两个鹿和 24 个猎人或猎狗，可以用“萨克”（兽踝骨）或石子作棋子，也有很精致形象的木雕棋子。下鹿棋时，把两枚鹿分别放在两边的“山口”上，将 8 个猎人或猎狗放在棋盘中间内层正方形的 8 个点上。游戏时，双方每人一步轮流执棋，执鹿者先走，可走 1 格，也可从猎人（猎狗）上跳过，跳过则吃掉被跳过的棋子。执猎人（猎狗）者走时，先把手中的 16 枚棋子每次只下 1 枚。全下完后才开始走棋盘上的棋子，每次只能一子一格。最后，若是把两只鹿围住不能动，则执猎人（猎狗）者为胜；若是执猎人（猎狗）者失子太多，已无力围住鹿时，则执鹿者为胜。下鹿棋在达斡尔族中较为普遍，老少皆宜，而且不受场地、器材的限制，随时可以操之对弈，既可以开动头脑，培育智慧，又能够消遣闲暇，度过愉快有趣的时光，是一种经常性的文化娱乐形式。下鹿棋反映了达斡尔族早期的集体围猎生产，是很有民族特色的游艺活动。

“哲日格·那得贝”，即连子游艺。棋盘为纵横六道线组成的长方形，对弈双方各18个子，先后每次1子布棋，尽量摆出一定的形，如下4子连成一个小正方形，可吃对方一子。若摆出6子一线，可吃对方3子。布完手中的棋子后，按成形情况吃子，然后每次1子走一步棋盘上的子，争取走成形，以吃掉对方棋子。吃掉对方棋子多者为胜。

“班德·那得贝”，即三连儿，也称为摆三。棋盘为由内向外的3个大小不同的正方形，由4条线连3个正方形的四角，另4条线连其4个连线的中间，组成纵横相交的24个点，对弈双方每人12枚棋子，先后轮流每次1子下在交叉点上。布棋时尽量多形成三子一线，并阻挡对方形成三子一线。布棋结束后，根据形成三子一线的数量，取下对方相同数的棋子，取时可使对方不容易形成三子一线。行棋阶段一方每次一子一格，再次形成三子一线，以吃掉对方一子。如果一方只剩二子，当其中一子与对方一子相连，另一子可任意来夹对方一子，将它吃掉。如果只剩一子，可越格到对方两子之间的空格，成为与对方的三子一线，将两边的对方两子吃掉。最后以把对方棋子吃光者为胜。在下棋的过程中，尽量开动脑筋，利用巧妙多变的布局和行棋，争取有利于快多成三子一线的机会，达到战胜对方的目的。它对启发抽象思维、增添生活乐趣，有很好的作用。

三、曲棍球运动的发展

在达斡尔族体育事业的发展中，令人瞩目、颇有影响的项目是曲棍球。在1957年内蒙古自治区庆祝成立十周年大会上，莫力达瓦旗就曾派出曲棍球队赴首府呼和浩特表演。国家体委了解到达斡尔族民间有流传至今的曲棍球运动，指示要使“曲棍球之花”尽快在体坛上开放，为我国早日参加国际大型比赛做好准备。1975 年，莫力达瓦达斡尔族自治旗成立了以达斡尔族运动员为主的业余曲棍球队。1976 年 3 月，我国第一支正式曲棍球队在此基础上诞生。1978 年 8 月，在我国举行的第一次全国曲棍球比赛中，在参加的三个队中，莫力达瓦达斡尔族自治旗曲棍球队夺得了第一名。从此，达斡尔族古老的曲棍球运动成为我国的一项体育运动项目，填补了我国曲棍球项目的空白。达斡尔族地区成为我国现代曲棍球运动的发源地。

1982 年 3 月，以达斡尔族青年为主力队员的中国队，在巴基斯坦举行的第一届亚洲杯曲棍球比赛中，勇敢拼搏，夺得了第三名，在国际“曲坛”上第一次升起了鲜艳的五星红旗，轰动了世界曲棍球体坛，为祖国赢得了荣誉。这些年来，这支曲棍球队，曾被内蒙古自治区体委授予二等功，运动员多次被国家体委授予三级运动奖章，多次获得精神文明奖。涌现出了孟慧臻、苏英、敖拉柱、沃荣福、郭旭东、郭亚清、德力英、德树立、郭永保等达斡尔族优秀运动员。许多老运动员离队后，分别担任了甘肃、宁夏、天津、辽宁、广东、四川、内蒙古等省、自治区、市队的教练，有 10 人次的人选国家队的主教练和助理教练，向其他省市输送了 100 多名运动员，为我国曲棍球运动的广泛深入发展作出了贡献。1979 年，莫力达瓦达斡尔族自治旗还成立了以达斡尔族姑娘为主的我国第一支女子曲棍球队，填补了我国体育项目的又一个空白。1982 年莫旗女队以内蒙古队名义参加了全国第七届曲棍球赛，获得第一名。在建队 6 年中，莫旗女子曲棍球队在国内比赛中获得过 7 次冠军的好成绩。在旗女子曲棍球队解散后，队员仍被其他省女子曲棍球队吸收为队员。国家队队员中也有达斡尔族姑娘，在 1990 年第七届世界杯赛上，为中国队打入前六名立下汗马功劳。在北京第十一届亚运会上，有达斡尔族姑娘成为国家队主力队员。

曾培养出我国第一个曲棍球国际裁判员尹玉峰。达斡尔族哈森成为第一个国家级曲棍球女裁判员，我国第一支女子曲棍球队教练，亚洲曲棍球裁判联合会的第一名女理事。赛庆、孟敏臻等多人成为国家级裁判员，并有多人担任国家曲棍球队教练。莫力达瓦达斡尔族自治旗多次受到国家体委、全国少数民族传统体育运动会的表彰。1989 年 3 月，国家体委正式把莫力达瓦达斡尔族自治旗命名为“曲棍球之乡”。莫旗男子曲棍球队获得了 2009 年第十一届全运会第二名，2010 年全国冠军杯、全国青年锦标赛、甲级联赛广州站冠军。2009 年，中国曲协表彰莫旗文体广电局为“2008 年北京奥运会贡献奖”团体。

目前，莫力达瓦达斡尔族自治旗在中国达斡尔民族园、旗文体中心、达斡尔中学、阿尔拉中心校建了标准人造草坪曲棍球场地，后备人才队从过去的 7 支，增加到 13 支。为了加强曲棍球运动后备人才的培养，莫力达瓦达斡尔族自治旗建立了曲棍球训练基点校，各学校积极完成基点校承担的任务，抽出教师组织中小学学生进行曲棍球训练。自治旗还每年组织一次基点校曲棍球比赛，以检验和提高基点校曲棍球运动水平。这些年来，内蒙古曲棍球队 80%的队员是由基点校输送的，基点校已成为优秀曲棍球运动员的摇篮。

1986 年，在新疆乌鲁木齐举行的第三届全国少数民族传统体育运动会上，内蒙古自治区代表队还表演了夜晚打火球，深得来宾和观众的欢迎。在几次全国少数民族传统体育运动会上，都有达斡尔族传统曲棍球运动项目。莫力达瓦达斡尔族自治旗和齐齐哈尔梅里斯达斡尔族区等达斡尔族聚居区，在每次举行的斡包节、库木勒节上，都要有曲棍球比赛或表演，还有摔跤、赛马、拉棍、颈力等项目。这些传统体育活动项目，为新时期的群众节日娱乐活动，增添了浓郁的民族特色，使民族优秀的传统文化得到弘扬。

第六章

达斡尔族人口状况

新中国成立以后，达斡尔族获得了新生，人口有了很详细的统计。达斡尔族人口的发展与人口结构等情况，反映了达斡尔族的发展与进步。

第一节　六十年来达斡尔族人口发展

据 1953 年第一次全国人口普查，全国达斡尔族人口 4.7 万多人，2010 年第六次全国人口普查数据显示，全国达斡尔族人口有 131 992 人，增长了 8 万多人。

一、稳定增长的达斡尔族人口

通过六次全国人口普查，获得了达斡尔族人口数据。1953 年有 47 975人，1964 年有 63 394 人，在 11 年间增长了 15 419 人。1982 年有 94 126 人，在 18 年间增长了 30 732 人。1990 年有 121 463 人，在 8 年间增长了 27 337 人。2000 年有 132 394 人，在 10 年间增长了 10 931 人。2010 年有 131 992 人口，在 10 年间减少了 402 人。全国达斡尔族人口在1964年到1982年间增长比较快，而2000～2010年人口增长有所减少，全国达斡尔族人口1990年突破了10万人，1953～2010年的57年间全国达斡尔族人口增长了84 017人。

表6—1　六次全国人口普查达斡尔族人口一览表

年份	1953	1964	1982	1990	2000	2010
人口数	47 975	63 394	94 126	12 1463	132 394	131 992

资料来源：《中华人民共和国人口统计资料汇编1949～1985》、《2000年人口普查中国民族人口资料》、人人网。

从全国六次人口普查达斡尔族人口增长幅度情况看，1953～1964年间增长了32.14％，1964～1982年间增长了48.48％，1982～1990年间增长了29.04％，1990～2000年间增长了8.99％，2000～2010年间减少了0.30％。在1964～1982年间增长幅度比较大，1982年始增长幅度在逐年减少。可见，达斡尔族人口60年来的发展经历了稳定增长、快速增长、稳定增长的过程。

二、聚居区达斡尔族人口

达斡尔族人口主要分布的内蒙古自治区、黑龙江省、新疆维吾尔自治区，也是达斡尔族聚居区所在省区。全国达斡尔族人口在聚居区所在省区的增长是比较明显的，在此我们通过人口普查资料来分析三个聚居区达斡尔族人口发展情况。

内蒙古自治区、黑龙江省、新疆维吾尔自治区这三个省、区1982年、1990年、2000年达斡尔族人口占全国达斡尔族人口比例都在95％以上。在1964～2000年的36年间聚居区所在省区达斡尔族人口增长了69 000人，在聚居区以外省市自治区达斡尔族人口从1964年的203人增长到2000年的6057人，增加了5854人，增长速度比较慢。

（一）内蒙古自治区达斡尔族人口

内蒙古自治区达斡尔族人口在60年间增加了67 329人，从1947年的不足2万人增长到了2007年的8万多人。从五次全国人口普查资料看，1953年时内蒙古自治区达斡尔族人口所占全国达斡尔族人口比例在43%，从1964年始所占比例都在50%以上。1953～1964年、1964～1982年增长率都在65%以上，而1982～1990年增长率下降到21%，更是1990～2000年间下降到了7%，内蒙古自治区达斡尔族人口增长从高增长到平稳增长的阶段。呼伦贝尔市是内蒙古自治区达斡尔族人口聚居地，由1953年的20898人增长到2007年的76 538，增加了55 640人，2000年呼伦贝尔市达斡尔族人口占全区达斡尔族人口的91.06%。“新中国成立后，黑龙江省达斡尔族人口在相当长得一段时间里，向内蒙古迁移较多，鄂温克族自治旗1953年达斡尔族人口有1171人，1961年上升到4165，增长了2.56倍，年平均增长率17.19%，显然有大批达斡尔族人口迁入该旗。”①

表6—2　内蒙古自治区达斡尔族人口变化情况表

年份	1947	1949	1953	1964	1982	1990	2000	2007
合计（人）	16 281	16 484	20 898	34 642	58 628	71 484	77 188	76 538

资料来源：《中国人口·内蒙古分册》、内蒙古自治区五次人口普查资料、内蒙古自治区统计年鉴。

在60年间，内蒙古自治区达斡尔族人口增长幅度最高是在1964～1982年间，增长了69.24%，其次是1953～1964年间，增长了65.77%。1953～1982年间内蒙古自治区达斡尔族人口增长较快原因是：一方面是由于达斡尔族人口从黑龙江省迁移到内蒙古自治区。另一方面是部分报其他民族人口改报达斡尔族民族成分。1990年以后内蒙古自治区达斡尔族人口增长率在10%以下。

① 沈斌华，高建纲著．中国达斡尔族人口．内蒙古大学出版社，1998：59.

（二）黑龙江省达斡尔族人口

黑龙江省是全国达斡尔族人口聚居区之一，1953 年有 22 675 人①，占全国达斡尔族人口的 47.26%；2000 年有 43 608 人，占全国达斡尔族人口的 32.94%，在 47 年间达斡尔族人口增长了 20 933 人。齐齐哈尔市是黑龙江省达斡尔族人口主要聚居区，2000 年占全省达斡尔族人口的 72.95%。齐齐哈尔市达斡尔族人口由 1982 年的 24 345 人增长到 2000 年的 31 814 人，增长了 7469 人，增长速度比较慢。

表 6—3　黑龙江省达斡尔族人口变化情况表

年份	1953	1964	1982	1990	2000
人口数	22 675	25 829	30 246	42 319	43 608

资料来源：《中国达斡尔族人口》，黑龙江省第三次、第四次、第五次全国人口普查资料。

从黑龙江省达斡尔族人口增长幅度看，1982～1990 年间增长幅度比较高，其他年度增长幅度低于同期全国、内蒙古自治区达斡尔族人口增长幅度。1964 年至 1982 年间全省达斡尔族人口增长幅度比较低，这与人口向省外迁移有一定关系。

（三）新疆维吾尔自治区达斡尔族人口

新疆维吾尔自治区达斡尔族人口在全国达斡尔族人口所占比例并不高，1958 年达斡尔族人口有 2225 人。从 1958 年到 2007 年的近 50 年中，新疆达斡尔族人口增加了 4292 人。新疆维吾尔自治区达斡尔族人主要居住在塔城地区，由 1958 年的 1916 人增长到 2007 年的有 5152 人。在 59 年间增加了 3236 人。

① 沈斌华，高建纲著．中国达斡尔族人口．内蒙古大学出版社，1998：63.

表 6—4　新疆维吾尔自治区达斡尔族人口一览表

年份	1958	1964	1982	1990	2000	2007
人口数	2225	2720	4359	5405	5541	6517

资料来源：《达斡尔族社会历史调查》，新疆维吾尔自治区第三次、第四次、第五次全国人口普查资料，《新疆维吾尔自治区人口统计资料》（2007 年，打印本）。

新疆维吾尔自治区达斡尔族人口增长最快是在 1964～1982 年间。增长率为 60.26%。从 1982 年开始增长幅度在逐年下降。

总体上看，三个聚居区达斡尔族人口，1964 年到 1982 年间内蒙古自治区、新疆维吾尔自治区达斡尔族人口增长最高，分别增长了 69.24%、60.26%，而黑龙江省的增长了 17.10%。在 1982～1990 年间黑龙江省达斡尔族人口增长幅度最高，增长了 39.92%。1990～2000 年间三个聚居区达斡尔族人口增长率都不足 10%，内蒙古自治区为 7.98%、黑龙江省为 3.05%、新疆维吾尔自治区为 2.52%，这与达斡尔族人口积极响应计划生育工作和达斡尔族族际通婚家庭，填报其他民族成分等因素有关。

达斡尔族女性　（毅松提供）

三、达斡尔族人口城市化趋势

（一）达斡尔族人口由聚居地向外扩散

达斡尔族人口由聚居地向外扩散表现在两个方面。一方面，是由聚居的省、自治区向其他省、直辖市、自治区扩散。1964 年全国 12 个省、直辖市、自治区没有达斡尔族人口，到 2000 年全国大陆 31 个省、直辖市、自治区都有了达斡尔族人口。另一方面，在达斡尔族聚居的省、自治区内，也由聚居地方向外扩散。1982 年，内蒙古自治区达斡尔族聚居地呼伦贝尔市的达斡尔族人口占内蒙古自治区达斡尔族人口的 92.65%，2000 年占全区达斡尔族人口的 91.06%，18 年间比例减少了 1.59 个百分点。1982 年，黑龙江省达斡尔族聚居地齐齐哈尔市占全省达斡尔族人口的 80.49%，2000 年占全省达斡尔族人口的 72.95%，在 18 年间比例减少了 7.54 个百分点。1982 年，新疆维吾尔自治区达斡尔族聚居地塔城地区的达斡尔族占全区达斡尔族人口的 85.23%，2000 年占达斡尔族人口的 81.81%，在 18 年间减少了 3.42 个百分点。在聚居区以外各省、直辖市、自治区中，只有湖南省、贵州省和云南省三省达斡尔族城镇人口比例低于 4%。北京、上海、天津三个直辖市达斡尔族城镇人口比例分别达到 95.83%、91.14%、85.45%。达斡尔族由聚居地区向外分散的人口多数迁居到了城镇。

（二）城镇达斡尔族人口占达斡尔族人口的一半以上

新中国成立以后，特别是实行改革开放以来，随着我国经济社会各项事业的发展，达斡尔族人口从偏远的农村牧区进入城市工作、生活的逐渐增多，聚居地区的城镇建设也得到了发展。从历次全国人口普查资料看，达斡尔族人口城市化发展较快，城市人口在民族总人口中的比例增加较快。1982 年达斡尔族城市人口仅占达斡尔族人口的 6.18%，但到 1990 年为 57.68%，在各民族中排第四位，2000 年是

52.25％，在各民族中排第六位，2005 年是 76.98％，在各民族中排第三位，已经成为我国 56 个民族当中人口城市化比例较高的民族。

第二节　达斡尔族人口结构

我们通过人口普查资料来分析达斡尔族人口性别结构、人口年龄结构、受教育程度、职业构成、婚姻状况。

表 6—5　2000 年全国达斡尔族人口性别构成情况表

性别	男	女	合计
人口数	65 699	66 695	132 394
比例（％）	49.62	50.38	100

资料来源：根据《2000 年人口普查中国民族人口资料》统计。

2000 年全国达斡尔族女性人口占 50.38％，男性人口占 49.62％，女性人口比男性人口高出了 0.76 个百分点。从全国各个省市自治区达斡尔族人口性别结构看，新疆维吾尔自治区、西藏自治区、云南省、四川省、湖北省 5 个省、自治区男性达斡尔族人口多于女性达斡尔族人口。其他省市自治区女性达斡尔族人口多于男性达斡尔族人口的有 11 个省市自治区：浙江省、海南省、青海省、陕西省、广西壮族自治区、宁夏回族自治区、江西省、河北省、山西省、重庆市、江苏省。

表 6—6　1982 年、1990 年、2000 年全国达斡尔族人口年龄结构一览表

年份 年龄组	1982（％）	1990（％）	2000	
			人口数	比例（％）
0～14 岁	37.76	35.94	36 332	27.44
15～19 岁	13.02	11.32	15 227	11.50
20～29 岁	19.13	19.99	23 851	18.02
30～39 岁	9.70	14.89	24 496	18.50

续表

年龄组 \ 年份	1982（%）	1990（%）	2000	
			人口数	比例（%）
40～49 岁	8.84	5.04	17 710	13.38
50～59 岁	5.62	5.63	7392	5.58
60～64 岁	1.95	1.89	3077	2.33
65 岁以上	3.06	2.68	4309	4.25

资料来源：1982 年、1990 年数据来源于沈斌华、高建纲著：《中国达斡尔族人口》，第 166 页。2000 年资料根据《中国 2000 年人口普查资料》统计。

全国达斡尔族人口 2000 年与 1982 年相比，0～14 岁人口比例在减少，减少了 10.32 个百分点。65 岁以上人口有所增加，增加了 1.19 个百分点。年龄段 30～39 岁、40～49 岁有所增长外，其他年龄段达斡尔族人口增减不明显。全国达斡尔族人口年龄结构看，1990 年全国达斡尔族人口年龄中位数是 21.3 岁，2000 年全国达斡尔族人口年龄中位数是 26.5 岁[①]。1982 年、1990 年全国达斡尔族人口属于成年型人口阶段，而 2000 年从成年型向老年型过渡阶段。

从三个聚居区达斡尔族人口年龄结构看，0～14 岁、65 岁以上达斡尔族人口在减少。2000 年与 1982 年相比，内蒙古自治区、黑龙江省 30～39 岁、40～49 岁年龄段达斡尔族人口有所增加。1990 年与 1982 年相比，新疆维吾尔自治区 20～29 岁、30～39 岁年龄段达斡尔族人口在逐年增多。其他年龄段达斡尔族人口变化不大。0～14 岁人口减少说明新生人口在逐年减少，65 岁以上人口减少说明死亡人口在逐渐增加。

达斡尔族在我国各民族中受教育程度是比较高，这与达斡尔族历

① 黄荣清，赵显人等著.20 世纪 90 年代中国各民族人口的变动.民族出版社，2004：322.

来重视教育有关。1990 年达斡尔族人均受教育年限为 7.59 年[①]，1990 年受大学教育程度人口在全国各民族中排第 9 位，受高中教育程度人口在全国各民族中排第 7 位，受初中教育程度人口在全国各民族中排第 6 位[②]。

2000 年达斡尔族受教育人口中受初中教育程度人口最多，占 39.78%，中专以上教育程度占 13.76%，与 1982 年相比受高等教育程度人口增长了 11.91 个百分点。2000 年受小学教育程度人口与 1982 年、1990 年相比有所减少，受初中教育程度人口有所增加。

2000 年全国达斡尔族职业人口中，有一半的达斡尔族人口以农林牧渔为生计。国家机关、党群组织、企事业单位负责人、生产工人、运输工人和有关人员、商业工作人员在 10%～13%。办事人员和有关人员、各类专业技术人员所占比例在 7%以下。

2000 年与 1982 年相比，各类专业技术人员下降了 12.77 个百分点，生产工人、运输工人和有关人员下降了 6.24 个百分点。国家机关、党群组织、企事业单位负责人增长了 7.66 个百分点，办事人员和有关人员增长了 2.14 个百分点、商业服务业人员增长了 2.5 个百分点、农林牧渔劳动者增长了增长了 6.73 个百分点。

2000 年全国达斡尔族已婚人口中有配偶占 88.24%，离婚占 2.02%，丧偶占 9.73%。与 1990 年相比有配偶比例有所下降，这其中女性有配偶比例下降的比例较高[③]。全国达斡尔族离婚人口有所上升，丧偶人口有所下降。

---

① 国家统计局人口与就业统计司编．中国人口统计年鉴．中国统计出版社，1994.

② 沈斌华，高建纲著．中国达斡尔族人口．内蒙古大学出版社，1998：141.

③ 黄荣清，赵显人等著．20 世纪 90 年代中国各民族人口的变动．民族出版社，2004：117.

第七章

婚姻家庭

第一节　摇篮里荡漾着的希望

达斡尔人的生育是在家庭中实现的。对于家庭来说，生育为家庭迎来新的成员，实现了人丁兴旺。对于新生婴儿来说，则是开始了人生的曙光。人生开端的礼仪习俗被称为诞生礼。诞生礼习俗包括求子、孕期、生育、婴儿抚育等。达斡尔族很重视婴儿的出生和抚育，有着传统的生育习俗。

一、赐子子嗣的神灵

达斡尔人认为，人的生命形成于“奥蔑·巴日肯”（奥蔑神）的生命之泉里。“奥蔑·巴日肯”是掌管后嗣子孙的神。奥蔑神住处的大门外有雌雄两只凤凰把守，院子有三层院墙，院内有金子、银子柱作支撑，有九层台阶的九顶白色毡房的正中是包房。院里有九眼大锅似的泉水，穿着下摆很长衣袍的年迈父母在泉水中孕育着生命。在他们宽阔的前胸后背上，都是孩子。他们还有供孩子玩的金、银制的“萨克”（兽踝骨）。其中母神的乳房很长，能从袖筒里伸出，也能搭在肩膀后面，给旁边和背后的孩子哺乳。当婴儿发育成熟时，母神拍一下他（她）的屁股，说一声“去吧”，婴儿就哇地哭一声来到人间，屁股上也就留下了母神拍过的发黑的胎记。“奥蔑·巴日肯”有画像挂在西炕上。祈求“奥蔑·巴日肯”保佑孩子时，需牺牲羊或猪，祭词中说“好好保佑我的孩子吧，守候他直到他长成男丁，带领他直到他长成汉子”。人们家里生的子女若是没有站住夭亡，为了以后生育，也向“奥蔑·巴日肯”求助。

二、迎接新生命

达斡尔族妇女怀孕后仍然参加一些较轻的劳动。怀孕期间，不参加婚宴和丧葬，禁止坐卧在熊皮上，不许吃驴肉，不能坐驴车，不许往灶坑里看，认为这样不利于生孩子。在饮食方面不吃凉、生食品和野兽肉。分娩地点多在外屋的“额勒乌”（炕池）上或铺草的地上，过去实行蹲式生产。到时候，要请来“巴列沁”（接生婆）给予帮助。“巴列沁”多由有接产经验的老年妇女担当，有的还领有“敖里·巴日肯”的神灵。如果没有“巴列沁”，也可请来子女多的妇女帮助接生。如果没有接生的人，产妇只好自己处理一切。用温水仔细清洗婴儿。小孩生下来以后都要剃胎毛，然后把剃下来的毛发揉成小团保存在盒子里，有的人家还保存着剪下来的脐带。产房内的事都由妇女操办。父亲看到婴儿时，要把他举起过头顶，认为这样吉祥。

在产妇坐月子期间，在房门前横放一根大轱辘车车轴，以示家有产妇坐月子不能随便走动。有些地方生女孩就在大门上挂红布，如生男孩红则在布上系根草挂在大门上作标记。这期间，外人不能擅自进入屋内。如果有事非进屋不可，则在屋门外边放一锹火炭，让来者从上面跨过后才可入屋。外地的车马或出汗的马，都不得进入院里。产后三天内，忌讳小孩的父母上“烟囱脖子”，不能推碾子，禁止移动屋内的缸罐等东西。还禁止产妇在“满月”前出大门及去屋外西北角(供神处)、井边，以防惹到门神、神龛里供的神和污染水井。也忌讳从坐月子的人家拿出粮食，怕产妇回奶。

亲友得知生孩子后，要前来看望产妇，称为“亚塔·乌吉贝”。都是妇女前来，而且是产妇的长辈和同辈人。一般对长辈坐月子，即使年龄比自己小，也很少去。去看望产妇时，要带给婴儿做衣服的几尺花布，或者一只活鸡、一二斤红糖、鸡蛋等，表示祝贺。正在怀孕和哺乳期的妇女不能去看望产妇，怕抢了新生婴儿的奶水。

满月时不摆宴席。母亲抱着新生婴儿去亲友家串门，给长辈装烟表示问候。所到人家的老人在孩子脖子上套一挂线，祝孩子健康成长，长命百岁。

三、荡漾婴儿的摇篮

达斡尔族在养育婴儿时，需用婴儿卧具“达日德”(即摇篮)，过去多数人家都有。摇篮的使用虽然普遍，但在制作上却是很慎重的。要请心地善良、为人正派、手艺精良的木匠制作，认为这样的人制作的摇篮用起来才心里踏实、安然。而且摇篮制作者最好兄弟姐妹多或儿女多。摇篮的周帮材料，讲究从茂密的稠李子丛林中，选其树干弯向升太阳方向的稠李子树，单独的稠李子树或被雷击、风刮而倒下的稠李子树不能选用。认为独树难避风雨，用此种树木做材料，摇篮里的孩子会爱哭闹，而从树丛中选树木做材料，摇篮里的孩子才会健康，才会兄弟姐妹多，能互相照应。

达斡尔人使用摇篮时，垫裹孩子的东西也很讲究。在最下层，头部放装荞麦皮的枕头，肢体部分放薄棉褥子。薄棉褥子上放用薄桦树皮做的类似簸箕的尿垫，称为“绰阔其”。在上面放装荞麦皮的布袋褥子。在它的上面是包裹孩子的大方布，称为“讷日刻”。再放约20厘

摇篮　（毅松提供）

米宽的双层长布，包裹孩子的手。放约 60 厘米长宽的方布呈菱形，包裹孩子的腿脚。上面再放两层很薄的桃形桦树皮膜，用于垫接孩子的大小便。把孩子包裹起来后，盖上绣有花鸟图案的长条小棉被。最后，用一根几尺长的鹿皮条穿摇篮底板上的五个皮条套，把孩子捆在摇篮里。孩子的铺盖可根据季节适当增减。达斡尔人一般在孩子出生十来天就放在摇篮里，认为早用摇篮孩子的手脚会长得直。白天也要适时把孩子取下换尿垫，让孩子得到放松。晚上把孩子取下来，睡在母亲身旁。孩子会走路以后，就不再使用摇篮了。

第二节　彩篷车装载的祝福

达斡尔族有许多广为流传的爱情民歌，在那婉转动听、情真意切的旋律上，跳跃着对情人的赞美和思念，闪烁着对相会和共同生活的憧憬。在一首民歌中唱道：

比嫩江的流水还要温柔，
是你那温顺的脾气。
比一汪秋水还要明亮，
是你那双多情的眼睛。
比翠柳飘摇还要轻盈，
是你那春枝般婀娜的舞姿。
比天鹅的鸣叫还要动听，
是你那银铃般的歌声。
比天上的织女还要巧，
是你那美丽灵巧的手。

这歌声该多么让相爱的情人魂牵梦绕啊！可是，在传统的“父母说了算”的达斡尔族社会中，达斡尔族青年男女的婚姻，均由父母做主。即使是自由恋爱，也要经父母同意，请媒人到女方家提亲。经过一番定亲、纳礼的仪礼之后，就是举办婚礼了。从此，在婚约下挽起手臂的青年男女，迈出了以往天真活泼的天地，开始了一个新的人生旅程。

一、结下美好的姻缘

达斡尔族人家在子女十七八岁时，父母便开始为他们物色合适的对象。相中了谁家的姑娘后，男方家长请一位能言善辩、受女方信任尊重的人做媒，多是由年龄较大的男人担任。媒人选好恰当的日子，带上酒到女方家说媒。他介绍男方的详情，力说两家青年男女有着合适、美好的姻缘。往返数次后，女方斟酌再三，觉得男方家境家风可以，男青年长相身体好，品行端正，勤劳能干，认为合适便答应求婚。这时媒人要给女方老人敬酒磕头，表示感谢。女方家也备酒菜予以招待，就算定亲了。

达斡尔族婚姻实行一夫一妻、氏族外婚和近亲等辈婚的制度。这些婚姻制度得到习惯法的维护，违背者受到众人谴责，直至开除族谱的惩处。达斡尔族婚姻也有送彩礼的习俗。彩礼中，除了送一头乳牛是报答岳母养育之恩外，其他都具有氏族欢乐、为新娘装扮的意味，目的是进一步确认男女双方家庭缔结的姻亲关系，加深双方的交往。在传统习俗中，男方要向女方纳礼两次。订婚之后，给女方送“察恩特”是达斡尔族婚俗的重要内容。“察恩特”即食物礼。“察恩特”讲究送“多罗·阿米堤”（七条有生命之物），即缰马一匹，称为“索日布勒”，意为缰绳，用以连接姻亲。乳牛一头，以对岳母哺育女儿乳奶的补偿。宰猪五口（一口褪毛猪，四口毛猪），还有白酒数坛和自制糕点和奶皮，用来招待女方家族亲友，以示男婚女嫁不单是双方家里的事，也是双方家族的事。送“察恩特”时，选定吉日后要通知女方家。由男方近亲中能言善辩的长辈或兄长带领未婚女婿前往。当他们赶着大轱辘车来到女方家院门时，女方家已派人把守大门，故意提出刁难，不许进院。带领者耐心巧妙地予以周旋，恳求允许进院。来者说道，“我们是远道来的，前面还有很远的路程，今天需在你们家借住一宿。”对方说，不是我们不愿意让你们住，我们家多有不便。双方一个执意恳求，一个婉言不允，费了半天口舌后，还是打开门欢迎来者进院。实际上，女方家的家族众人早已聚坐在屋里，等着品尝“察恩特”呢。大门口的一番争辩，是婚姻习俗中必有的情节，起到了考验男方送“察恩特”的诚意、耐心，增添双方交往中的趣味的作用。

在“察恩特”宴席上，带领未婚女婿送“察恩特”的长者，首先举杯敬酒致词，还要介绍送来的“察恩特”。未婚女婿给岳父母和家族中长辈老人磕头敬酒。席间，人们有说有笑，为两家青年喜结良缘举杯庆祝。第二天，女方家请近亲带领未婚女婿到村中亲戚家相识请安。在未婚女婿要回家时，岳父要把送来的缰马回赠给他，或送给更好的马。在人们品尝“察恩特”的过程中，未婚妻要到亲戚家躲避起来，不与未婚夫见面。

第二次送的彩礼叫作“托列”，即衣物礼，主要是给未婚妻结婚用的布料、成衣、被褥和首饰等。一般在送“察恩特”之后一两年，举行婚礼的前两三个月由未婚女婿独自送去。

男方选定婚礼吉日之后，提前二十天或一个月通知女方。女方如有准备，便应许下来。达斡尔族姑娘在十二三岁时就开始学做针线活，到结婚时，已练就了灵心巧手。出嫁的姑娘要自己做绣花鞋，手巧的有做二三十双的，还做绣花枕头、烟荷包等。

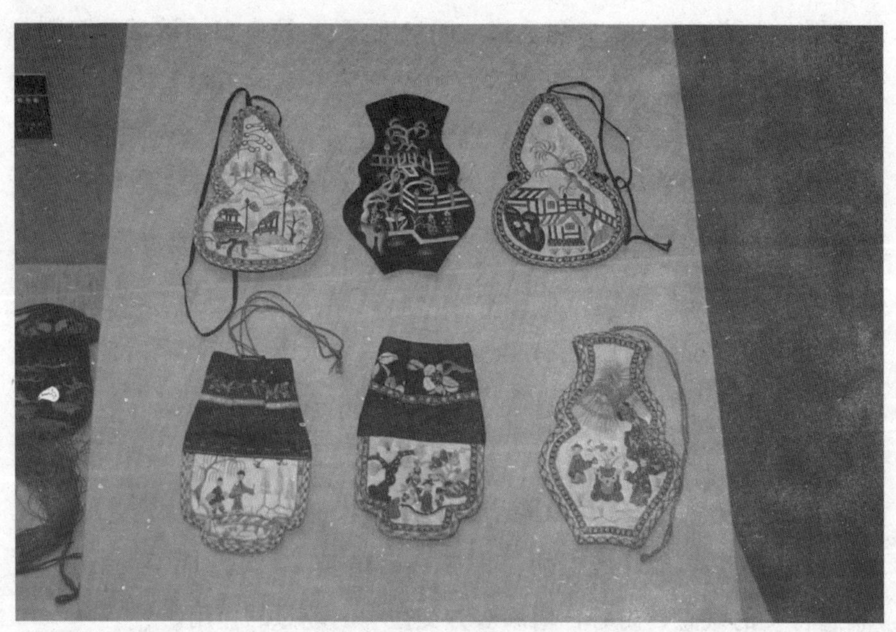

烟荷包 （毅松提供）

二、迎来喜庆的日子

达斡尔人一般在冬春农历双月时举行婚礼，这时生产活动少，有空闲。婚礼之日，女方家邀请家族中有涵养、通礼节、能说会道的人送新娘。送亲人员中，有四位“华达”（男亲家）和四位“霍都古”（女亲家），各按年龄分长次。除末位“霍都古”由新娘的嫂子担任外，其他都是有儿有女的近亲长辈，也有六十来岁的长者当“霍都古”的。“华达”、“霍都古”们装束整齐、端庄，计议着要不失娘家体面地把送亲之事圆满办好。

送亲喜车均是套上良马、装饰有苇席篷的大轱辘车，披红挂彩。父母送给女儿的嫁妆有衣服、被褥、大红柜、木匣子、皮箱和首饰等。新娘穿着一新，头发梳理整齐，插花并佩戴艳丽的头饰，上穿镶彩边、绣花鸟、里衬白布的衣袍和长坎肩，脚上是精美的绣花鞋，梳妆打扮得秀丽俊美。当坐在彩篷车上的新娘掀开蒙在头上的红纱回头看时，涌上心头的话语只化作了含泪的目光。

无论新娘新郎两家的村子相距多远，送亲车队走到离新郎家的村子二三里处时，要停车小憩，燃起篝火，少量饮酒吃点心，以解旅途疲乏。这时，男方的两位骑手从村中快速赶到跟前，翻身下马，表达热情迎接之意。其中的长者从怀里掏出酒壶酒盅，给送亲人们逐一敬酒问候，另一位青年骑手上马回村报信。

当送亲车队迎着太阳走进村里，来到新郎家门口时，鞭炮齐鸣，夹道迎接的人们欢声笑语。新郎父母在碟子里放双盅，为送亲宾客敬酒欢迎。并请“华达”、“霍都古”进屋上坐。新娘由双方少妇“霍都古”扶下车，让她跨过地上的马鞍，踏着由男方家用三四张轮换辅垫的地毡，走向新房。在进屋前，新郎揭去新娘头上的红纱。这时，前来贺喜的年轻人向新娘扔五谷杂粮，祝福他们丰衣足食，幸福美满。

新娘进屋后，要给“图瓦·巴日肯”（灶神）磕头。然后，新娘被引进西屋，上南炕后，在窗前盘腿端坐。这时，调皮的年轻人会戳破窗纸看看新娘的模样。

达斡尔族女儿出嫁歌　（毅松提供）

婚礼宴席时，“霍都古”们在南炕就座，“华达”们在西炕就座，其他人在北炕就座，就坐座，按辈分和年龄顺序，以送亲人员为上首，男方近亲作陪。宴席上，以手把肉为主要菜肴，分等次上“瓦其”（尻背）、“达勒”（肩胛）和“叟吉”（胯子）等带骨肉。当手把肉摆上桌时，女方首席“霍都古”和“华达”要提议把手把肉端去敬家中灶神，表达他们对神灵的敬意和对主人的尊重。陪客者将盘中的手把肉端到灶神处，表达对神的敬意。婚宴开始时，男方主持者致辞，欢迎送亲宾客，称赞两家结为美好姻亲。在祝福新婚夫妇时诵道：

我手拿这支箭，

祝愿新婚夫妇：
在今后的共同生活中，
孝顺长辈，慈爱晚辈；
像箭的叉口样整齐，
像箭杆的羽毛样爽快，
像箭杆样笔直，
像碾石样相合，
像钢铁样坚强。
用刀子割不绝，
用斧子砍不离。
走过的地方光明，
做过的事情清白。

宴席中，宾主举杯庆贺，畅叙姻亲情义。

第二天早上，新郎家要用肉汤煮饺子或面条招待送亲宾客。在女方宾客离开时，新娘的弟弟要趁对方不注意，偷拿女婿家的一只碗或碟子，放在怀里带走。认为是带回了新娘的“霍特日”（福分）。男方家要装些手把肉或一口猪让他们带去，并一一敬酒送别。女婿一直把他们送出村外。送亲宾客走后，新娘要给公婆敬酒磕头。婚礼后的三天内，新娘要给丈夫家的人做一条裤子，给谁都行。人们要通过新娘带来的衣物和做的裤子看她缝绣的手艺。三天以后，新娘由妯娌领着到近亲各家串门，给长辈请安。在家里开始参加劳动，与家人建立和睦相处、互相关心、帮助的关系。一个月后，丈夫送妻子回娘家住数日后返回。从此，新婚夫妇便开始了同甘共苦，互相爱护、体贴的一生。

第三节 哀思的寄托

达斡尔族历来对于故去的人举行丧葬仪式。在人去世之后，忌讳说“死了”，区别死者的辈分和年龄情况，使用不同的说法。比如：死者若是长辈老人，则说“巴日肯·玻勒森”（成神了）；若是中年人，则说“扎览讷日·阿勒加森”（与世长辞了）；对于所有去世的成年人，都可以说是“倍·都伯森”（逝世了）；若是少辈年轻人，则说“阿勒森”（失去了）；若是婴孩，则说是“拜森·乌威”（没站住）。对于宗教神职人员雅得根之死，要说是上“尚德”了，意为上神坛了。

一、入土为安的丧葬

达斡尔族安葬死者以土葬为主。正常死亡者，都要殓棺土葬。除了土葬以外，个别情况也实行火葬和风葬。对于非正常死亡者的安葬有所不同。如果死者是孕妇或因难产而死者，实行火葬。对于因传染病而死、被雷击而死、暴病而死的人，以及死后尸体腐烂和肢体不全者，也都要实行火葬。把死于天花、麻疹的孩子装柳筐挂在离村较远的山阴坡的树上，或放在山阴坡上搭起的三脚木架上，实行风葬，过百天后，就地掩埋其尸骨。对“没站住”而死的孩子装在口袋里，同时也装入些糖块、饼干等物品，放在野外。雅得根死后，要依照他生前选定的地方进行风葬，多是离村较远，听不到狗叫鸡鸣的地方。丧事由一位雅得根主持，莫昆众人和受过已故雅得根跳神治病的人参加。日后将遗骨掩埋，其墓地称为“尚德”。

在独身汉死后，埋葬时在其坟墓旁挖一深坑，里面埋入一块象征女性的木头。

在外面死亡者，殓棺后，在棺材上放一只公鸡，直接用车拉到墓地埋葬。

在另选墓地移灵时，在原坟坑里放一只活公鸡、撒些小米进行填埋。①

达斡尔族的每个“莫昆”都有公共墓地，称为“花然”。墓地一般设在离村远些的山上，选择山的东南阳坡。死者是莫昆外人、孕妇、雅得根、天花患者和出嫁前死去的少女，都不能埋在莫昆公墓里。在莫昆墓地，从上而下按死者辈分和亲缘近远进行分层有序埋葬。长辈葬在高坡处，而后按其子孙每代人为一层，平辈兄长在弟的左侧，丈夫在妻子的左侧。有的后辈还把自己家族先辈的坟墓用土坯垒低墙圈起，很为重视。随着埋入莫昆公墓死者的增多，特别是人口迁移的原因，近几十年许多地方开始分化为家族墓地。

二、饱含悼念的办丧仪式

达斡尔人去世，要在院门处竖立几米高的杆子，上面设一根横木棍，挂三四尺长的红布，称之为“夏勒腾”，以示该人家有丧事。据《讷河县志》（卷十一）记载：“满洲达呼尔等旗俗，多于院内立竿揭幡，三日内，日必三临而叩奠之。”在挂出“夏日腾”的同时，还要派人及时通知死者近亲。这样，亲友便开始前来奔丧、吊唁。

家里长者逝世，举行庄重的丧葬仪式。老人咽气后，要给更换寿衣鞋袜，洗脸剃头。然后将尸体移放在屋地上垫起铺着的木板上，用白布遮盖。头前放桌子，上面供鸡、饭菜和酒、点心。在尸体左侧放烟和烟袋，家人痛哭一阵。较富有的人家戴孝者穿全身孝服，称之为“古奴贡·谢尼格”，把扎上的白布腰带留出一截长头，搭在肩上。生活困难的人家穿“尼恩都日·谢尼格”，只有白布腰带和帽子（即用白

① 达斡尔族社会历史调查．内蒙古人民出版社，1985：234.

布包头)。儿子和儿媳要坐在地上守灵，并过一段时间给灵旁的烟袋换装新烟。亲友前来吊丧、哭灵，由近亲晚辈迎送，儿子、儿媳要站起给前来吊唁的长者请安。前来吊唁的人若是晚辈，给死者磕头，给行装烟礼。吊唁者还要陪死者的儿子、儿媳坐地上的毛皮垫上，以示守灵。出殡之前，家里人特别是长子和长媳需日夜守灵。一昼夜举行数次哭灵仪式，称为“克依撒勒贝”，每次都烧纸焚香。

停灵持续两三天或数日。这期间，家里杀牛宰猪，准备办丧事的各种事物。一切准备妥当后，选择日期入殓。达斡尔人用的棺材为厚木板卧棺，上窄下宽，下半部分为方形，上半部分棺盖是梯形平顶。入殓前，将尸体抬起从东向西按太阳转的方向转三圈，然后抬出屋，殓入放在院内西侧的棺材里。在棺材里要贴圆形金箔在左侧，象征太阳；贴弯月形银箔在右侧，象征月亮。并把死者生前用过的餐具、烟袋、火镰、刀等也放入棺内。盖棺后，儿子和儿媳，特别是长子和长媳要在棺材旁守灵，摆小桌供上酒、肉、点心。

在出殡前要举行祭灵仪式，对辈高年长死者的祭灵尤为隆重，参加的人也较多。与死者同辈和晚辈的同莫昆成员、娘亲和姻亲，都携带献祭的金银箔纸和捐祭的现金前来参加。有的则牵来牛或猪、羊，宰杀献祭。祭灵仪式前要牺牲牛马，杀马时，把马拴在灵前，死者长子跪于马前，向马蹄上洒酒，然后宰杀。举行祭灵仪式时，人们按与死者亲缘关系的远近，在灵柩一旁依序排定，晚辈则跪，平辈则立。由一位长者在灵前诵读祭文，达斡尔语称为“怀勒格·扎贝”。

出殡之日，由死者近亲晚辈 8 个人抬灵柩，若是墓地远，人们轮换着抬。也有的套马车运载灵柩。灵柩出院门时要停下来，由年长者洒酒祭灵，意思是就要离开家院，不要回头留恋家人，安心上路。在去墓地的路上，长子把拉灵车马的缰绳搭在肩上，走在前面，其他子女扶车辕而行。亲属众人跟在车后，一路哭喃，扔纸钱。灵柩在屯中所经过的每一家都要在灵车前洒酒、烧些金银箔纸，以示送灵。到了墓地，把灵柩放入事先挖好的墓穴中。由长子先培几锹土，然后众人培土，堆成坟堆。之后要烧金银箔纸，以酒祭奠。

安葬归来，家里用手把肉、菜肴和酒招待帮忙送葬的亲友。将要散席时，已故者的长子、长媳给人们敬酒磕头表示谢意。

对于已故的长辈，儿女、亲侄要穿孝衣服孝三个月，穿素衣三年。死者的第三代叔伯侄子和弟弟服孝两个月。在死者去世的一周月、二周月时，都要上坟祭灵。在死者去世的一周年、二周年和三周年，也同样举行祭奠仪式。在一周年时，出嫁的姑娘可解去素装。一般服孝的都是成年人，十几岁以下的少年儿童不服孝，认为儿童服孝会影响发育。①

长辈去世三年之内，在过春节时，家里要在南炕头已故者生前起居处铺放褥子、枕头，在旁边放炕桌供酒肉、点心和果品，放烟袋。在除夕夜和初一早晨，全家人给灵位磕头。拜年者也向灵位请安、敬烟 、磕头。三年以后不再设灵位，每年春节、清明和农历七月十五时要扫墓烧纸。

第四节　祥和的岁时节日

达斡尔族的岁时节日基本上是根据我国农历确定的，遵循一年有24个节气，在对于节日的确定上也以农历为准。岁时节日在调整约定达斡尔族的生产生活节奏，丰富达斡尔族的精神生活中起到了重要作用。达斡尔人在不同的节日期间开展相应的活动，具有喜庆、祥和、团聚和祝福的内涵。

① 达斡尔族社会历史调查．内蒙古人民出版社，1985：237.

一、岁时的轮回

达斡尔族受汉族的影响，把一年分为24个节气。节气反映了天气、物候在一年当中的变化规律，是安排农业生产活动的重要依据，在很大程度上调节了农业生产的节奏。达斡尔人把24个节气融入了民族文化当中，谈起农业就必谈节气，并且对于24个节气有了具有民族特点和适合当地气候的称谓和解释，在不同的节气有相应的农事活动习俗。这反映了达斡尔族具有较为久远的农业文化。如：

雨水，认为是“水活了的日子”。从这天开始，土地的冻层不再向下加深了，物品也不向里层冻了，江河的浅滩解冻并有了流水。

清明，达斡尔语称为“寒希”，此时土地融化有一锹深，所以要为已故亲人的坟墓培土、祭奠。天开始下雨。人们开始做种地的准备，陆续到大田里劳动。达斡尔族民间有“清明种小麦，谷雨种大田”的说法。

谷雨，是开始种地的日子。达斡尔人经过半个多月的准备，人们纷纷到大田耕地，先种小麦，然后种谷子，再后种黄豆。

芒种，这一天种完荞麦，大田作物就都耕种完了。从此草类的茎杆渐有木质，原野上的草变得稠厚。

处暑，达斡尔语称之为“乌如昆·绥都日”，直译是稠露水。是露水稠厚的日子，这一天割麻，然后泡在水里。天气开始变得阴凉，河水变清，天边显得更为明亮。

白露，达斡尔语称之为“浑勒日·乌都日”，即霜日。认为是上冻的日子。在这之前要收割完荞麦，从高坡开始收割；然后收割燕麦、谷子，认为经霜的谷子好吃。

秋分，认为是“天开眼的日子”，草籽成熟后开始落下，苏子也会掉籽，所以这之前必须把庄稼收割完。

寒露，达斡尔语称为“乌如昆·浑勒日”，即稠霜日。人们认为“秋分不算冷，寒露才算冷；秋分不变天，寒露必变天。”从这天起天气变得很冷。

霜降，是开始流冰的日子，江河从岸沿开始结冰。

立冬，不再下雨夹雪，只下雪，三天后可在冰上行走。

冬至，是“入九”的日子。从此日照时间到了最短的时候，白天开始逐渐变长。因此，达斡尔人也开始盼望严寒早日过去。海拉尔地区的达斡尔族人家绘制一幅“九九图”，贴在室内墙壁醒目的地方。“九九图”画出九组图案，简单的可以画些圆圈、方块、三角形；复杂的可画喜鹊梅花、藤架上的葡萄串、花朵、叶片、蝴蝶、蜻蜓等。到近代有的读书人，还画婉转鸣啼的九只小鸟，代表日数的小图形是从小鸟嘴里跳出来的音符，还有“金猴摘桃九九图”等。这九组图案每组中有九个小图，一个小图代表一天。从冬至那天起，每天用笔涂实一个小图，涂完一组，就是过完了一个“九”。关于数九的口诀中说：“三九寒天，三岁牛额头冻裂；五九来临，饭菜放屋外不结冰”等①。

二、喜庆的节日

达斡尔语把除夕（腊月三十）称作“布通”，有“完成”、“封盖”的意思，说明这一天就要过完一年岁月的日子，当然要庆贺一番了。在除夕这一天，从清晨开始达斡尔人家家户户忙着清扫庭院，张贴年画及春联。在几十年以前，达斡尔人家的春联是用满文书写，现在则用汉文书写。还写上“福”、“寿”字，贴在大红炕柜和箱子上。在房门和仓房门上贴门神。

除夕的黄昏，达斡尔人各家在院门外堆起草和干牛粪点燃，点燃

① 奥登挂．达斡尔人的“九九图”．《周末》报，1992．

旺火象征连年的烟火得到延续，以示家庭兴旺、子孙有续，也预示新的一年像火一样兴旺，家里长者还把肉食、糕点、饺子等食品抛入火堆中，并招呼自家的马、牛、猪、狗、鸡，祝福人畜安康、五谷丰登。

除夕的晚餐，一般吃手把肉和炖菜。开饭之前，全家人到院里，长辈代表一家人向天和其他神灵供奉点心、奶皮和酒等，焚香点烛叩拜。之后，一家人回到屋吃除夕饭。席间晚辈向长辈敬酒磕头，祝福老人安康长寿，长辈也祝福晚辈在新的一年里吉祥平安、幸福美满，还要给小孩压岁钱。用完餐后，各家男子由长者带领，打着灯笼到村里长辈家请安磕头。相聚过节的达斡尔人家里灯火通明，一家老小忙活着包新年饺子。新年饺子要包得多一些冻起来存放，以备随时都可以取来下锅。夜里，很多人家吃荞面饸饹，祝家里人长寿平安。

达斡尔人认为“布通”之夜是各种神灵、年内景象预兆显现的时候，所以祭神、占卜也是重要的节日内容。各家给“腾格日”（是天的意思）供奉酒肉、上香磕头。感谢神灵在过去一年里所赐予的收获，祈望在新的一年得到神灵的保佑，求得平安、吉祥，没病没灾。在院子里燃起用荞面做的苏子油灯，第二天早上看熄灭后面灯里落下的人发或畜毛，以卜新的一年内家里增添人丁或牲畜。夜里达斡尔族人家给耕牛的角上和仓房门上抹荞面，祈望牛畜无病患和来年丰收。在院里招呼自家的牲畜，认为牲畜不会得疾病。到园田的四角洒些牛奶，口中念叨着各种害虫别到园田里来。种地的人家把十二块燃红的柳木火炭放在炉灶上，象征一年内的十二月，第二天早上看火炭燃烧的情况。燃成白灰的，认为当月会干旱；没燃尽剩下黑炭的，那个月会有雨水。还把各种粮食每样取一些，用秤称后用纸包好放起来，第二天再用秤称，认为哪种粮食的分量有了增加，当年这种粮食就会丰收。有的人家还看天象夜色，听畜禽叫声，以卜年景。还讲究除夕在院里撒些碎草，天黑前要将门窗的缝糊好，不能从外面招呼屋里人的名字，怕鬼怪附体或摄取人的灵魂。

除夕之夜，讲究整夜都要点灯不灭。人们通常守岁不眠，过本历年的人更要守岁不眠。认为如果夜里读书，则会使人变得聪明。人们还到村子附近的岔路上，给已故亲人烧纸寄托怀念之情。

“阿涅”，即春节。达斡尔语把春节称为“阿涅”，是最重视的节日。这一天，人们要清晨早起，要求少年儿童早晨要自觉起床，认为让别人叫醒，会一年懒惰。妇女准备早餐，全家人在院中偏西方摆放一张桌，烧香拜天拜诸神，给天烧一把香、北斗星烧七支香、娘娘神烧九支香、灶神烧一支香，祈求天及诸神保佑和恩赐太平丰年。拜完神之后一家人回屋里，晚辈向长辈敬酒磕头，祝福长辈健康长寿，长辈诵“伊热勒”（祝词）祝福晚辈吉祥如意。

“阿涅”早餐吃肉汤饺子，饺子中包进了表示各种意义的物品，认为谁吃到了预示当年的运气。如白线表示长命百岁，纽扣表示能获顶戴高官，铜钱表示新的一年不缺钱，八个小面团表示儿女满堂，面粉表示心地善良。吃罢早餐，人们穿上新衣服，由同辈年长者带领，到村中老人家里请安、磕头拜年，长辈则向来拜年的晚辈说祝词，给孩子们一些零钱、糖果和榛子。在本村拜完年后人们骑马、乘大轱辘车或爬犁到邻村亲友家拜年。妇女们一般在初二开始拜年。家里在长者去世的头三年里，从除夕那天开始在南炕头放炕桌和卧具设灵位，拜年者也向灵位敬烟磕头。从初一到初五，讲究妇女都不动针线，否则被认为会一年受累，也不把垃圾扔出去，怕把福气扔掉。达斡尔族把正月的头几天称为：初一是鸡日，初二是狗日，初三是猪日，初四是羊日，初五是马日，初六是牛日，初七是人日，初八是“图比格·乌都日”，即果日。在初七之前不吃烙饼，但在初七要烙馅饼，吃手扒肉、片白肉。

初五以后，人们相聚举行“阿涅”期间的歌舞娱乐活动。青少年们打“贝阔”即曲棍球，女人们聚集到宽绰的人家，跳“鲁日格勒”、“哈库麦勒”舞。小女孩聚在一起玩“哈尼卡”（纸偶）和“萨克”（兽踝骨）。有老人的人家，请来村中民间艺人讲民间故事、唱诵叙事诗歌等。

正月十四。达斡尔族把这一天也称为“布通”。这一天在日落之前，种地的人家用草木灰在院子里撒十几道地垄，称为“台烈”，即农田。在四个角上各撒一个圆圈，这个圆圈称为“切斤”，即粮囤。把几种粮食每样一小把分别撒在“切斤”里。院大的人家撒两个“台烈”。以此祈求当年农业有好收成。晚上吃手扒肉，给“腾格日”（天）、所供诸神烧香磕头。

摔跤　（毅松提供）

“卡钦”，即元宵节。达斡尔语把正月十五称为“卡钦”。这一天出嫁的女儿回到娘家，给父母长辈们拜年，家里给回家的女儿准备手把肉和饺子以示团聚。过了正月十五春节就结束了，人们相遇不再请安。

“霍·乌都日”。达斡尔语把正月十六称为“霍·乌都日”，意思是黑灰日。认为这一天往脸上抹黑会吉利平安。清晨老人要给孩子的脸上抹锅黑。人们起床后竞相给对方脸上抹黑。主要在青少年当中进行，目的是开心取乐，他们互相追逐着给对方脸上抹黑，贪睡者会被堵在被窝里抹得满脸黑。年轻人怕被堵在被窝里抹黑，也就争相早起。抹黑也成了一种勉励勤奋的方式。

二月二，达斡尔族认为是龙抬头的日子，各种生物开始复苏。这一天要打开窗户，从外面向屋里扔一些稷子米、小米。早晨吃荞面馅饼，在锅里烙油饼、煮猪头，目的是让龙嗅到油香和肉汤味，知道是该下雨的时候。这一天不做针线活儿，认为做针线活儿会得骨节病。

祭祀敖包　（毅松提供）

“寒希”，即清明节。达斡尔族把清明节称为“寒希”。此时，土地开始融化，为已故亲人扫墓、祭祀。人们准备种地的工具、籽种，到地里劳动。

“额莫·乌都日”，是药日的意思，即五月初五端午节。人们早起到野外踏青，用露水擦脸，并采白艾插在帽子上或夹在耳朵上，认为这样做可以驱虫除病，采得多的人还编成辫，少则两三辫，多则十几辫带回家，挂在窗前晒干，日后用白艾煮水擦身止痒和泡脚祛寒。也有捡块石头抛向远处的习俗，表示扔掉疾病。这一天吃馅饼、饺子或荞面饸饹。

七月十五，达斡尔人认为是阴间的节日。人们到已故亲人的墓地烧纸，扫墓培土。有条件的人家杀猪，带上肉、酒、点心到墓地祭祀。

八月十五，即中秋节。家家户户改善伙食，早上吃饺子或牛奶煮面片。晚上月亮升起的时候，在院里放置桌子，用切两半的月饼、西瓜供月，家长给月亮磕头。达斡尔人家自己做月饼，在白面里夹上黄油、白糖、山丁子粉和窝瓜子做的馅，放入刻有花纹的方圆模子里，压成形后烙熟，作为节日点心。让小姑娘用线穿针，认为这样会成为巧手。

腊月初八，早晨吃“拉里”（奶熬稠粥），这一天的“拉里”用积累几天的稀奶油做。吃“拉里”之前，先要敬神。认为腊八吃“拉里”会长寿。

腊月二十三，这天达斡尔族祭灶神。认为这天是“图瓦·巴日肯”升天的日子。“图瓦·巴日肯”即灶神，达斡尔语也称“该里·巴日肯”（火神）。祭祀灶神时，要用稀泥抹洗灶面，给灶神像嘴上粘抹黄油、麻糖，祈求它上天后给自家说好话，并在灶神前放些象征性的剪草和米粒，认为是给灶神的马预备的草料。祭灶结束后，在灶里生火，并让孩子们到屋外看烟囱冒的烟，说灶神会随着烟乘坐黄马拉的轿车升上天去。晚上吃“拉里”。从这天起，人们清扫房屋、院落、洗衣服，准备过春节。

第八章

生产与经济

第一节　多彩世界里的劳作

达斡尔族居住的地域有山林、草原、河流和平原，达斡尔族充分利用依山傍水的自然条件，不仅从事农业、牧业、猎业、渔业、采集业、手工业，还从事以交换为目的的放排业、大轱辘车制造业、烧炭业和运输业，具有综合利用自然资源，各业相互促进，适于对外交换的农牧为主、多种经营的经济结构。这是达斡尔族经济的很大特点。

一、古老的猎业

猎业是达斡尔族的古老产业。很早以前，猎业在解决衣食来源和对外交换中，有着重要作用。在清朝，还要捕貂完成进贡义务。到20世纪50年代，达斡尔族猎业已处于衰落阶段，在偏远山区有10%左右的人家以猎业为主[①]，而在其他达斡尔族地区已很少有人从事猎业。狩

① 达斡尔族社会历史调查．内蒙古人民出版社，1985：70.

猎对象主要有狍子、野猪、鹿、狸、灰鼠、狐狸、猞猁、熊、飞禽等。在狩猎时，各季节有不同的狩猎对象。

在猎业生产中，达斡尔人掌握了各种野生动物的习性、行踪和生活规律，熟悉山林自然，这是从事猎业生产的基本条件。他们采用蹲碱泡子伏击鹿，用狍哨引诱狍子，避开野兽的警觉向它接近等狩猎方式，都具有一定的科学道理。在对不同季节狍皮的皮质、绒毛了解的基础上，分不同季节猎取制作不同狍皮服装的狍皮。为了猎取到较大的熊胆，在猎熊时采用先用木棍惹洞中的熊生气，使其胆膨胀，然后再猎杀的办法。

达斡尔族“狼夹子”　（毅松提供）

二、多样的捕鱼方式

达斡尔族历来傍江河而居，是有着渔业传统的民族。渔业是达斡尔族传统多种经营经济结构中的重要组成部分。在达斡尔族居住地的黑龙江、嫩江、诺敏河、甘河、讷谟尔河、伊敏河等江河中，盛产有几十种鱼，有鲤鱼、哲罗鱼、细鳞鱼、草根鱼、狗鱼、鲫鱼、鲇鱼、鳇鱼等。达斡尔族在夏季和冬季均有渔业活动，根据不同的水域和鱼的不同习性，有着多种多样的捕鱼方法。

（一）放“洞”捕鱼

达斡尔语称为“洞”的捕鱼工具有两种。一种是用桦树皮做成的直径30～50厘米的盆，上面封麻绳编织的网，中间开约6厘米直径的圆孔，沿圆孔边镶上桦树皮筒作为入鱼口。捕鱼时，把苏子油渣放入

"洞"中，然后在"洞"底上拴石块使之沉入水底。小鱼嗅到油渣香味后，纷纷进入"洞"中，这时把"洞"拉出就可以捕到鱼了。近几十年来也用旧铁皮盆制作"洞"。另一种是用柳条编的"洞"。做法是把30来根拇指粗柳条的一端用绳子扎紧，散开后在上面用细柳条编成长约1米、直径约30厘米的圆筒，并在另一头留有鱼的入口。善于捕鱼的人准备30～50个这样的"洞"，在里面放石块后，划船把"洞"沉入江河缓流处。"洞"上拴拉绳，上面系杨木棒漂在水面。鱼在水浑时易入"洞"内栖息。几天后划船把"洞"起出时，就能捕到进入其中的鱼了。多时一个"洞"一次可获五六条鱼。

（二）罩抓鱼

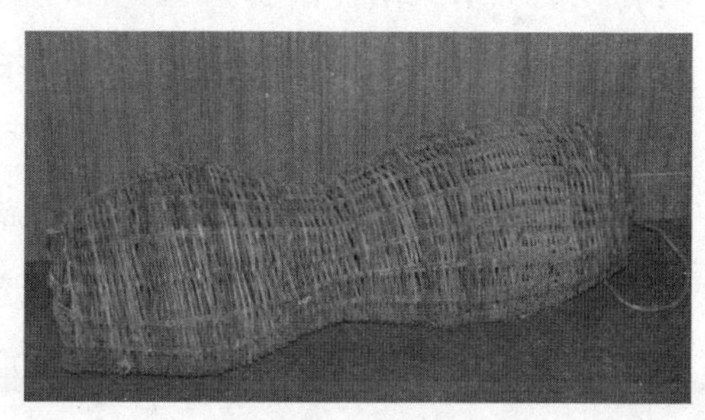

捕鱼工具鱼篓　（毅松提供）

达斡尔语把鱼罩称为"达如勒"。它是用几十根去皮的细柳条做成的，高约1米，用麻绳把柳条拴成上细下粗的圆锥筒形，每根柳条相距约3厘米，中间和上口用板条加固。用鱼罩抓鱼时，几个人或十几个人相约同去，到天然的池塘里，或在涨水退后仍有水的河汊、池塘里捕鱼。当人们走进齐腰深的水里时，水变浑，鱼受惊四处乱游，这时便用鱼罩扣，然后探手抓住被罩的鱼。一个人一个下午可抓到十几条，甚至几十条鱼。用鱼罩抓鱼时，人去得越多越好，体现出集体合作劳动气氛。在天热的时候，从农田耕作回来的人们也相约去罩鱼，这项捕鱼活动也成为人们轻松娱乐的活动。

（三）点火把叉鱼

达斡尔语称之为"戈日得贝"。在农历七八月间的夜晚，采用点燃火把吸引鱼的方法叉鱼。达斡尔人的鱼叉一般自己用废铁打制，夏季叉鱼用的鱼叉较细，这样灵便，穿透力好。火把是用干柳条接绑而成的，有约10厘米粗、2米多长。分为蹚水叉鱼和乘船叉鱼两种。在水浅的河里蹚水叉鱼，由一个人举火把照明，另外一两个人持叉叉鱼，叉正中激流逆水而上的鱼。在深水处叉鱼时，由三四个人乘一条船，坐在船头者举火把，划船者坐在船尾，另外一两人站在船中间叉鱼。

（四）穿冰叉鱼

达斡尔语称之为“锦里日莫贝”，是初冬时的捕鱼方法。在天晴的早晨，透过江河支汊湖泊上仅二指厚的冰层，能看清水中的游鱼。这时，人们十来人结伴前去叉鱼。用于穿冰叉鱼的鱼叉比夏季叉鱼用的鱼叉略粗，有约3米长的杆。当人们踩上冰面时，水中的狗鱼、鲇鱼、鲤鱼、小鲫鱼、“夸勒”（老黑鱼）等惊慌乱逃。狗鱼只贴着冰层左右乱窜，其他鱼一般向岸边游。叉鱼者踏着光滑的冰面，追赶薄冰下的游鱼，瞧准机会，举叉刺去，鱼叉穿透冰面，叉中水里的鱼。叉鱼人随后取下别在腰带上的短斧，敲露水面，把鱼取出。对游到岸边夹在冰层下面的鱼，直接用斧子或木槌砸露冰面，鱼便随着水一起涌出冰面。一次一个人能叉到十多斤鱼，人们只在早晨和上午冰能托住人时穿冰叉鱼。几天之后，冰层加厚时就不能进行了。

（五）守棚叉鱼

达斡尔语称之为“布日阔·扫贝”，是农历正月过后在较深江河中的捕鱼方法。“布日阔”是在冰上用柳杆和苫房草搭的棚子，棚子内用“玛那”（冰穿子）凿出约60厘米直径的冰眼。冰眼上设“布日阔”的目的是遮住日光，便于看清水中的游鱼。在这个冰眼的两侧再各凿一些冰眼，每隔半尺插入一根柳杆，像栅栏一样拦住鱼的去路，使鱼从棚下的冰眼处游过。这时，鱼类逆流而上，少则一两条，多时十几条一起游过冰眼，叉鱼者看准游鱼，用有五个刺的长竿鱼叉叉鱼，能叉到鲤鱼、狗鱼、敖花鱼、胖头鱼、鲟鱼、大鲇鱼等，甚至能叉到约20斤重的大鱼。鱼多时，人们还在夜晚点燃火把叉鱼。一般一个人守一个“布日阔”，鱼多时也去两个人，一天能捕到少则十来斤，多则四五十斤鱼。如果多人设“布日阔”叉鱼，一般需相隔二三百米远设一个“布日阔”。

（六）凿冰围网捕鱼

这是冬季里的大型捕鱼活动。届时，达斡尔族村里组织二三十人的捕鱼队。由捕鱼经验丰富的长者担任“阿围达”，即捕鱼队首领。捕鱼队在阿围达带领下在村附近的江河中，或套上大轱辘车到其他水域捕鱼。到达渔场后，阿围达勘查选准鱼的群栖水域，用“得戈”（铁钩子）在冰上划出凿冰眼的位置，并且每打一个冰眼量一下水深。一般从江岸冰下有过膝深水的地方开始凿冰眼，每个冰眼有约 1.5 米直径，约十来步远凿一个冰眼。这些冰眼形成横拦江面的大椭圆形。下网时，用一根称为“莫乌”的长木杆拴网绳，从“额格·希”（入网口冰眼）依次穿到每一个冰眼，每穿四个冰眼拉一次网，最后把两个网头汇集在收网口，围住江中的群鱼，收网口设在江河有浅滩的一侧。过去，达斡尔人编织的一片大网有约 10 米长、4 米宽。用于凿冰围网捕鱼的网，需接几片到十来片这样的大网而成。

经过紧张的凿冰眼和布网之后，就要开始收网了。这时，村里人手提酒、肉前来款待捕鱼的人们。中午，捕鱼队的“图瓦钦”（伙夫）还专门做馒头、烙饼，让大家吃饱了力气十足地投入捕鱼劳动。收网时，随着“阿围达”一声令下，人们排成两行，手握网纲往外拉网。随之大小各异的鱼被圈集聚在三四米直径的收网口，上下翻跃，欲挣欲脱。这时，几个人用长杆钩子不断地把鱼挑钩出水面。一次较大的集体凿冰围网捕鱼活动，从清晨鸡叫前就开始凿冰眼，一直到当天半夜才收完网。有时从黄昏开始起网，到第二天天亮才能收完。鱼多时，一次捕到的鱼能装满十几辆到五六十辆大轱辘车。这些鱼多数要运到附近城镇出售。

凿冰围网捕获的鱼实行参加劳动者平均分配，在自己村辖渔场进行大型捕鱼生产时，全村各户均为一股参加分配，各户股约占全部分配股的三分之一。渔产品商品化以后，人们出的渔网、冰穿子、绳子、杆子等捕鱼工具，也都计算为股份参与分配。有的村里没有大网，也会请外村渔业队来自己村的渔场捕鱼。外村人来捕鱼时，经协商可三七或二八分成。所得收益本村各户平均分配。

为了保持渔业资源的永续利用，达斡尔人也把每年农历四月定为禁渔期，期间人们自觉不从事捕鱼活动。直到 20 世纪 40 年代，大部分达斡尔族农牧民都从事捕鱼，也有个别以渔业为主的人家。达斡尔族的传统渔业捕鱼方法多样，形成了一定的渔业组织、管理方式。渔业在改善达斡尔人的饮食生活，成为商品交换出售方面发挥了积极作用。达斡尔族的传统渔业保持到二十世纪五六十年代。随着达斡尔族聚居地方外来人口增多，渔业资源遭受破坏，传统的渔业生产已经不存在了。

三、以养畜致富

在 17 世纪中叶以前，达斡尔族居住黑龙江以北地区时，就已经从事牧业生产。南迁嫩江流域以后，仍然保持了从事牧业的传统。牛、马是达斡尔人从事农业、猎业、运输业等役用的生产资料，同时也饲养猪、羊、家禽以提供肉食、奶食。役畜的多少制约着狩猎、运输、农业等生产的发展程度。达斡尔人重视饲养牲畜，把牲畜多少作为富裕程度的标志。居住牧区的达斡尔人，牧业是主业。在夏秋之际，为了防止牲畜吃庄稼，达斡尔人实行远耕近牧，并以村屯为单位，选一两个马倌统一把全村各家牲畜集合成群，赶往草场放牧，夜晚归圈。达斡尔人在入伏时用长把钐刀打草，储备牲畜过冬饲草。一头牛一冬要吃五六车草，牲畜多的人家打几百车草，在收割庄稼后把草运回，

传统农业　（毅松提供）

垛在专门的草圈里。冬季里除了把牲畜放在村附近吃草和庄稼秸秆和饲料外，主要喂草。

四、耕耘最北方

达斡尔族是在我国最北方从事农业的民族，有着很久远的农业历史。早在17世纪中叶，达斡尔族居住于黑龙江中上游以北地区时，就已经形成了一定规模的农业，迁居黑龙江以南嫩江流域以后，农业取得了更大的发展。达斡尔族除在大田耕种粮食以外，还在园田种植蔬菜、烟叶、麻。农业生产提供了基本的饮食生活资料来源。

（一）大田耕作

达斡尔族的传统农作物有燕麦、荞麦、稷子、大麦、苏子、黑豆等。这些农作物适合北方气候，成熟周期短，能够粗放型生产。19世纪下半叶以后，达斡尔族逐渐引入内地的小麦、玉米、谷子、高粱、黄豆等农作物品种，拓宽了农业生产领域，种植结构发生了变化。在清明之前，达斡尔人就开始准备种地，给役畜加饲料，收拾农用生产工具，准备籽种。达斡尔人很重视农作物籽种，在秋后扬场时就要选种，并经几次扇车留出优质籽种，避免出现稗子。对种子妥善保存，达斡尔族民间有“宁吃耕牛，不吃种子”的谚语。农作物种植依节气进行，一般在清明以后种小麦，立夏之前种完谷子、黄豆，小满时种燕麦，然后种稷子、荞麦、大麦。在种植燕麦、荞麦、稷子时，采用漫撒子的播种方法。在种植黄豆、高粱、谷子时，把种子装在筒式漏斗里，用木棒敲打，种子便被均匀地撒播在垄沟里，然后蹚犁复土。对黄豆、高粱、玉米、小黄米等都要铲草两次，蹚两次。为了合理利用地力，防止虫害，达斡尔人在同一块耕地连续耕种时，实行不同农作物轮作。由于耕地情况的不同，各地轮作的顺序有所不同。

杠犁　（毅松提供）

达斡尔人在耕地时使用杠犁，达斡尔语称之为“达玛格”。在翻地和耕种时用4头牛抬杠，蹚地时用两头牛。由一人用右手扶犁，左手牵动系领头牛的缰绳策鞭赶牛犁地。这种耕地方法，达斡尔人在20世纪初还普遍使用，一直保留到20世纪50年代。

（二）园田耕作

达斡尔族在庭院的周围开辟园田，每家都有几亩至10亩的园田。园田的四周用柳条编的篱笆圈围。园田里种植蔬菜、烟叶、玉米和麻。园田的种植、管理各项劳动多由妇女承担，男人在翻地、铲草、浇水和摘收烟叶中给予协助。

种植烟叶　（毅松提供）

在园田里种烟是达斡尔族农业中的重要生产活动。达斡尔族种烟有很长的历史，民间传说达斡尔族种烟已有几百年。成书于清代嘉庆十五年（1810年）的《黑龙江外记》记载：“人家隙地种烟草，达呼尔则一岁之生计也。”达斡尔族种的烟，品种有达斡尔烟、“哈日·当格”（青烟）、“艾浑·当格”（瑷珲烟）、“依格来日齐·当格”（大叶烟）、“哈莫扬”烟等。

（三）农产品加工

达斡尔人在冬季打场。农历十月以后在园田里浇水冻冰，直到冰面把土覆盖形成冰场院，采用牲畜拉木磙、石磙碾压和用链枷打的方法进行脱粒。一种粮食脱粒之后，扫清场院，再浇水冻冰。在加工燕麦、荞麦、稷子时，都要经沸水上蒸后炕干，这样磨出的米不黏，才能磨出荞面、燕麦面。谷子、小黄米不需沸水蒸就炕干。达斡尔人曾经用石臼、木臼舂米，但现已使用碾磨加工米面。在富裕人家的院里专门建一座碾房，套牲畜拉磨加工粮食。但在加工苏子（紫苏）时仍采用在木臼中舂的加工方法。在加工苏子油时，则使用达斡尔语称为“键”的木制榨油床。麻在制作绳线、编织鱼网中不可缺少。过去，达斡尔人每家种 2 亩麻，夏末秋初种植，再经几次霜冻后收割。冬季里，达斡尔族人家在晚饭后总要拿进儿捆麻，利用空闲时间剥麻。在制作粗麻绳时，用专门的工具搓劲合股，制作两股、三股和六股不同规格的麻绳。细绳用手搓，用量也较大。用于缝皮衣、纳鞋底的麻绳，都要精心搓成。

达斡尔人很讲究烟叶的加工。在摘烟叶之后先要放在垄上使之变蔫，然后再移到地上铺的一层白艾上。在烟叶的上面也盖上白艾。这样能起到调烟味的作用。四五天之后，烟叶变得软而不脆，便开始穿烟叶。穿烟叶时使用约 30 厘米长的铁针，把烟叶穿在 4 米长的绳上。穿好的烟叶挂在木杆上，再把木杆放在近一人高的晒烟架上。烟叶晒干后，从木杆上取下，装在柳条编的扁筐里放在沸水锅上蒸一下，然后把烟叶叠成几层，放入制烟坨的“合伯”中压实。烟坨存放在仓房凉爽通风的地方。达斡尔人生产的烟叶，具有叶大面宽，色泽金黄，制型规整，味柔而香的特色，素有“琥珀香”的美誉。

五、生活中的手艺

达斡尔族传统的生产生活用具都要自己制作，有着悠久的手工业历史。制作的用具主要有：

（一）桦皮制品

达斡尔人在农历六月进山剥桦树皮，采用剪桦皮互相咬扣、加木底，用马尾线、兽筋线或麻绳缝等方法制作桦皮用具。达斡尔人还在桦皮用具上雕刻、墨绘各种花草、动物等图案，使之更为美观。

（二）柳编制品

达斡尔族地区的江河岸边盛产柳条。达斡尔人利用柳条具有匀细、柔韧的特点，编制各种生产生活用具，其品种和编制方法多种多样。有土篮、簸箕、笊篱、圆筒箩筐、水斗、鱼罩、鱼篓、浅底晒箩、“海吉”（房顶笆）等。柳编的用具还有“哈日格勒车日车”，即放在大轱

编制房篱　（毅松提供）

辘车上运干牛粪时用的柳编围子；“乌里车日车”即放在大轱辘车上运粮食的粮筐；“安勒日玛”，即有把手的装粮筐；“瑟伯格”，即上口稍小的装精米的筐；“西拉车日车”，即用于晒干菜的扁篮。

（三）麻制品

达斡尔族种麻，用麻制作各种生产生活用的绳线，编织渔网。粗麻绳用于拉草、拉柴，当车、犁的套绳、缰绳等。用手搓的细绳，用于纳鞋底、穿烟叶、绑扎口袋等。用麻绳织的渔网结实耐用。能够用自己种的麻织渔网是达斡尔族渔业发达的一个重要因素。

（四）熟皮制品

达斡尔族用各种兽皮、畜皮制作衣袍、靴帽、口袋和绳套等，在生产生活中有广泛的用处。在熟皮时，先把发酵的燕麦面或玉米面、酸牛奶涂抹在皮子上，过一段时间待皮子上的肉质起泡后，用铁制的刮刀把它刮掉。再用木制的齿形木刀来回拉皮子，使之变得柔软，就可以剪裁，缝制各种衣物了。

（五）烟袋锅和摇篮

达斡尔族的烟袋锅和摇篮，在制作时采用破木、刨、弯曲、磨光、旋钻、镶花等方法，具有较高的技术工艺。达斡尔族中也出现了一些技艺较高的艺匠。

（六）木工制品

过去曾制作木碗、木盆、木凳、木桌、木槽、木饸饹压床和农用木叉、耙、犁、锹、连枷等。技艺较高的木匠制作木柜、木箱、木船、幼儿车等。在制作小木匣、门隔扇时，在上面雕刻花鸟、圆形汉字等图案，显示了高超的技艺。

除上述之外，达斡尔族的手工业还包括用旧铁锻造猎刀、镰刀等。

放木排雕塑 (毅松提供)

第二节 商品交换与生产

达斡尔族很早就同其他民族有着商业交往。在黑龙江北岸居住时期，达斡尔族与周围其他民族的商业贸易大多是物与物的交换。一些鄂温克族每年秋天都要带着马匹，乘木筏顺石勒喀河而下，到黑龙江流域达斡尔族地区用貂皮等猎产品交换粮食、盐等，在初冬时从陆地返回他们住的地方。[①] 达斡尔族也用粮食交换其他民族的牲畜等。当时，内地的满、汉族商人也经常到黑龙江流域与达斡尔族等当地民族“进行着兴旺的以物易物的贸易。这里有从中国输入的丝绸、棉布和其

① 俄国人在黑龙江．商务印书馆，1974：14，10.

他货物”。[1] 达斡尔族使用的银器、铁制用具、玉石、颜料、酒类等，也是用貂皮等猎产品在这里进行交换而来的。居住在黑龙江、外贝加尔地区和鄂霍次克的埃文基人，同达斡尔族农牧民和满洲人，“用毛皮、兽皮、肉、鹿茸、鲟鱼软骨换取面粉、烧酒、布匹、器皿、饰物。”[2] 玛涅格尔人还向达斡尔人购买盐、黍米、面粉、黑豆、辣椒等。在这期间，达斡尔族也出现了商人，他们定期或不定期运来货物，同当地其他民族进行交换。在众多的交换产品当中，松鼠皮起到了衡量不同商品价值尺度的作用。

一、走过激流险滩

达斡尔族很早就顺江河放排运输原木，以解决房屋建筑等所用木料。清代，在兴建墨尔根（今嫩江）、齐齐哈尔城时，达斡尔人都曾放排供应木料。此后，达斡尔人放排把木料运到这些城镇出售。据《黑龙江外记》记载：“齐齐哈尔用木，皆楚勒罕时，买之布特哈人，其木由嫩江运下，积城西北。”放排是非常艰苦、繁重、冒险的劳动，达斡尔人练就了高超的穿过激流险滩的放排本领。在20世纪前50年中，沿嫩江和诺敏河居住的达斡尔人的放排业，已成为重要产业，在一些村屯约有三分之一户的劳力参加放排生产。

二、翻越兴安峰

大轱辘车是达斡尔族的传统交通工具，由于它适于山区草原上使用，具有轻便、耐用的特点，也受蒙古族、汉族农牧民的欢迎。历史上制造大轱辘车出售和交换成为一项重要的产业。1784年新巴尔虎草

---

① 俄国人在黑龙江．商务印书馆，1974：14，10.

② 民族译文集（第一辑）．吉林省社会科学院苏联研究室，1983.

原上建成甘珠尔庙之后，逐渐在每年农历八月甘珠尔庙会上形成了商业贸易集市。达斡尔族把制作的大轱辘车运到甘珠尔庙会上，换取蒙古族牧民的马匹。为了赶甘珠尔庙会，农历三月时，达斡尔人组成6～8人的“阿那格”（野外生产小组），由有生产经验的人担任“塔坦达”（组长），套上马车到山里，采伐柞木、黑桦，制作大轱辘车。经过一番艰苦紧张的劳动，制完车时，已是农历七月了。

大轱辘车　（毅松提供）

农历七月中旬，达斡尔族各村“阿那格”的车队陆续踏上翻越大兴安岭、赴甘珠尔庙集市的征程。车队经受日晒雨淋、风餐露宿，翻山涉水，日夜兼程，天亮动身，日落驻脚，夜里人们就住在有篷的车里。

经过半个月，辗转1300多里地的艰苦旅程，大轱辘车队可算赶到了甘珠尔庙。达斡尔人在集市上用大轱辘车交换来自各地蒙古族牧民的马，少数人也用车换羊皮、牛和猎枪。据史料记载，甘珠尔庙会木制品市场面积很大，“勒勒车及车用品零件、蒙古包用品及其他硬木木料，均是索伦蒙古人、达呼尔蒙古人制造运来的，从而市场出现蒙古人与蒙古人之间的交易。”“1937 年，集市上蒙古商人卖出木制车轮最多，资料记载卖出 1200 多个，7000 多元。”①

制作的大轱辘车也卖给嫩江流域地区附近的汉族农民。

三、燃起炭窑火

二十世纪三四十年代，由于嫩江沿岸城镇木炭畅销，出现了达斡尔族烧炭业的兴盛时期。达斡尔族组成几人到十几人的“阿那格”（生产小组），由年龄大，有生产经验、办事公道的人担任窑头，组织烧炭生产。生产出的木炭要运到附近的城镇出售，也有专门从事运售木炭者，与烧炭者对半分成。

四、载货的车队

随着达斡尔族地区附近城镇商业贸易的发展，达斡尔族运输业也发展起来。海拉尔和齐齐哈尔的达斡尔族从事运输业。他们用牛马拉大轱辘车为商人运送货物，开始是从海拉尔向齐齐哈尔运去牧业产品，再从齐齐哈尔运回茶、布、烟、糖、粮食、挂面、月饼等生活用品。到 50 年代中期，齐齐哈尔地区也有达斡尔人从事运输业，他们的运输路线，一是往返于齐齐哈尔与海拉尔之间，每年去 4 次，运去粮食、布料等物资，再运回皮张。二是往返于齐齐哈尔与瑷珲之间，一年一次。②

---

① 李萍、李文秀编著．甘珠尔庙外记．内蒙古文化出版社，1998：142.

② 达斡尔族社会历史调查．内蒙古人民出版社，1985：172.

乡村的路　（毅松提供）

五、“楚勒罕”集市

在达斡尔族居住地区附近形成了一定规模的商业市场，为达斡尔族的商业贸易创造了条件。清代，最兴盛、持续时间长的商贸市场是齐齐哈尔城的“楚勒罕”集会。“楚勒罕”是具有征贡、阅兵和民间交易等内容的集会。较早并较多到这里经商的是山西商人，由于长期的商业贸易，“晋商与蒙古、索伦、达呼尔交易，皆通其语，对答如流”。楚勒罕集会还有来自河南、辽宁和江南等地的商人。他们带来了绸缎、杂货、棉花、布匹、盐碱、茶、酒、火镰、陶瓷器等出售、交换。达斡尔族百姓要等到贡貂后领取俸饷，或用其他毛皮产品购换货物。有的则用牲畜、桦皮制品、烟叶等换取商人们的货物。达斡尔人还从嫩江上放排运木材到齐齐哈尔城出售，购买各种物品。1895 年后，楚勒罕集会取消，但齐齐哈尔仍然是当地最大的商业贸易中心，仍然是达斡尔人进行商品交换的集市。达斡尔族运去鱼、柳条、烟叶、猎产品等到城里出售。

第三节 新中国成立以来的经济发展

一、传统产业逐渐削弱

新中国成立以来，达斡尔族农牧民以自己的勤劳和智慧，发展各业生产，为国家经济建设作出了贡献。

由于社会经济和自然环境的发展变化，达斡尔族的一些曾在经济发展中具有重要地位的传统产业逐渐削弱。在 20 世纪 50 年代，传统的猎业、渔业、放排业、大轱辘车制造业等，还曾在整个经济结构中占有一定地位。比如达斡尔族农牧民根据莫力达瓦旗、嫩江县等地林木公司下达的采木任务，安排放排生产。有的村组织三四个“阿那格”（生产组）从事放排业。在莫力达瓦旗阿尔拉村约 120 户中，有三分之一户的男劳力参加放排生产。20 世纪 80 年代初，还有个别地方的达斡尔族农牧民从事放排生产。

二、农业在整个经济结构中的地位不断提高

1978 年党的十一届三中全会以后，由于实行了家庭联产承包责任制等各项改革开放的政策，达斡尔族地区经济焕发出生机。农牧民以经济建设为中心，农牧各业生产有了较大发展，生活水平得到提高。在莫力达瓦达斡尔族自治旗，达斡尔族乡村的经济发生了显著变化。

达斡尔族经济经过几十年的发展变化，在达斡尔族聚居的多数地区，农业在整个经济结构中的地位不断提高。多数地区已经以农为主，

少部分地区以牧业为主。达斡尔族农村牧区经济变迁的状况，主要表现在以下三个方面：一是达斡尔族经济已经由传统的农牧渔猎多种产业经济，转向以农业为主的经济。二是达斡尔族农业经济本身也在实现由自然经济向商品经济、市场经济历史性转变。达斡尔族传统农业种植稷子、荞麦、燕麦、大麦等农作物，基本上是为了解决口粮，交换出售的占很少部分。改革开放二十多年来，达斡尔人已经很少耕种传统农作物，产量高、效益好的小麦、玉米、大豆等成为主要农作物。有些地方基本上已经不种口粮，农业生产全部面向市场。其次是农业生产的科技含量和机械化程度不断加大。农业生产早已经不是漫撒籽、缺少农田管理、单产低的传统农业状况。在农业生产中牛、马畜力的使用逐渐减少，不少地方实现了半机械化，从播种、蹚地，到收割、脱粒，都由机械生产。在农业生产中使用良种、化肥、农药、除草剂等增多，接受科技培训、自觉学科技用科技的农民增多。耕种方式的转变促进了生产力的提高，提高了经济效益。三是在以农为主条件下牧业和经济作物种植得到了相应发展。达斡尔族农民在发展农业的同时也在探索发展牧业和经济作物。从牧业来说，各地养畜头数都有增加，出现了养十几头，甚至几十头牲畜的大户。养畜业的发展具有充分利用自然条件和农牧结合的优势，已经成为达斡尔族发展经济的一个重要方向。发展经济作物更是调整种植结构、增加收入所不可缺少的。

三、发展联产机械化生产的规模经营

莫力达瓦达斡尔族自治旗的达斡尔族农牧民不断探索发展生产的新路，结合当地实际，发展联户机械化生产的经营方式。哈达阳镇哈布奇村的金铁钢等 6 户达斡尔族农牧民组成联合体，实行规模经营。他们白手起家，逐步积累资金，到 1989 年，已有拖拉机、播种机、选种机、收割机、扬场机等配套农业机械，固定资产达到10万元。1983年，这个联合体粮食总产量3.6万多斤，人均收入150元。到1988年，粮食总产量达到20万斤，交售粮食13万斤，人均收入增加到1400元。腾克乡前霍日里村敖国柱等6户组成的联合体，起初省吃俭用靠贷款购买农业机械。

四、创建全国粮食生产先进县

1983年，莫力达瓦达斡尔族自治旗被国家确定为全国100个商品粮基地县之一，确定为自治区商品粮基地。1992年，又被列入全国农业二期开发的重点。促进了全旗农牧业生产获得迅速发展。全面落实家庭联产承包制头一年的1983年，全旗粮食总产就突破了2亿斤，比1982年增长58%。从1987年以来，粮食总产一直保持在6亿斤左右，其中大豆总产量4亿多斤，是全国大豆产量最多的旗县之一。1989年，该旗被国务院商业部评为“粮食生产交售先进县”，跃入全国粮食生产“百强”和自治区粮食生产“十强”的先进行列。莫旗2012年粮食产量达到31.05亿斤，实现“九连增”，9年累计增产粮食26.92亿斤。近10年连续10年获得“全国粮食生产先进县”和“全国粮食生产先进单位标兵”荣誉称号。工业发展步伐不断加快，旅游业发展势头强劲，城乡面貌日新月异，人民生活水平稳步提高，党的建设进一步加强，全旗呈现出政治稳定、民族团结、经济发展、社会进步的良好局面。

五、人均收入稳步提升

全旗城镇居民人均可支配收入从2005年的7691元增加到2010年的12 601元，年均增长10.4%；农民人均纯收入从2005年的2185元增加到2010年的6373元，年均增长23.9%。2012年全旗地区生产总值完成90.06亿元，可比价计算比上年增长8.1%；三次产业结构优化为：47.2 ∶ 24.8 ∶ 28；地方财政总收入完成 4 亿元，同比增长 15.4%；剔除社保基金的财政总支出完成 22.2 亿元，同比增长 13.7%；限额以上固定资产投资完成 36.04 亿元，同比增长 4.5%；城镇居民人均可支配收入完成 16 304 元，同比增长 13.6%；农民人均纯收入完成 7964 元，同比增长 4.1%。

六、告别危草房，住进砖瓦房

从 2007 年开始，莫旗通过实施达斡尔族、鄂温克族、鄂伦春族“三少”民族危草房改造工程，使得 5482 户“三少”民族群众告别了危草房。住进了宽敞、明亮的砖瓦房；为全面改善城镇低保无房家庭的居住条件，自 2008 年起，莫旗连续五年实施廉租房建设工程，共建成 3084 套廉租房，总面积达 147 498.33 平方米。2009 年，莫旗又启动了为期 3 年的游牧民安居工程，共建 885 栋民居，总面积为 44 842 平方米。2010 年，连续 3 年的棚户区改造工程也在莫旗得到实施，累计投入资金 1.7 亿元，改造了建筑面积为 74 554 平方米的棚户区，改善了 971 户城镇危旧住房户的住房条件。

七、平坦宽阔的水泥路通向各村屯

莫旗共有 63 个民族村屯，多数村屯都坐落在偏远山区。旗委、政府高度重视民族村屯的发展，为民族村屯共修了公路 40 多条。西瓦尔图镇大库莫尔村几年前还是大雨泞路，大雪封路，道路坑凹而狭窄，群众出行难。2009 年，一条平坦宽阔的水泥路通向村里。多年的出行难成为历史。截至目前，莫旗 13 个乡镇、4 个办事处和境内的 4 个国有农场全部通了油路，220 个行政村全部通了公路，村村通了客车。

第九章

传统科技与教育

在漫长的历史岁月中，达斡尔族尽管没有形成系统的传统科学技术理论，但是，在他们用勤劳和智慧发展生产、征服自然、创造美好生活的实践中，却不断提高了认识和控制自然的能力，积累了各方面的科学知识和从事各业生产的技术。达斡尔族是重视教育的民族，传统的家庭教育和社会教育内涵丰富。

第一节　天象观测

天象与人类生产生活密切相关，人类在很早以前就对天象规律有了认识，并把它运用到生产生活实践当中。从达斡尔族的一些神话传说中，我们可以看到其中就有不少关于天象的猜测和想象的描述。由于达斡尔族传统的各业生产都受到自然变化和天气的直接影响，所以，观测天象就成为生产实践中不可缺少的活动，并随着生产生活的发展而发展，积累了一些有益的知识。

达斡尔族把太阳作为天象观测的主要对象。以太阳来确认方向和时辰，对于一天中的具体时间都有不同的称谓。如，“太阳升起的那边”即为东方，“太阳落去的那边”为西方。把太阳升时称为早晨。用太阳升了几个椽子高来表示时间。太阳刚落时称为“笼古日”，日落以后为“哦列阔”（即晚上），入夜为“素尼”，晚上九、十点为“乌切日”，午夜为“素尼·端得”，天亮为“给·瓦日贝”。对于天亮前后的时辰，也用鸡叫头遍、鸡叫二遍和天亮时鸡叫来表示。

对于季节，则以日照时间的长短来区别。日照时间最长时为盛夏，日照时间最短时为隆冬。也以结冰、解冰、流冰时间区别冬春季节，以各种鸟鸣和雷声区别季节。

达斡尔族把一日当中的时辰分为鼠、牛、虎、兔、龙、蛇、马、羊、猴、鸡、狗、猪时。把天干称为十个“朱斯”（颜色），各个具体的天干都有不同的称谓，甲为“枯库”（绿），乙为“枯库勒宾”（淡绿），丙为“呼兰”（红），丁为“呼兰勒宾”（淡红），戊为“夏日”（黄），巳为“夏日勒宾”（淡黄），庚为“齐干”（白），辛为“齐干勒宾”（淡白），壬为“哈日”（黑），癸为“哈日勒宾”（淡黑）。过去，懂满文的人不但熟练地使用天干地支称谓时间，而且掌握较多的天文历法知识，并把它用于日常的观测天象、年景和其他生活事项当中。达斡尔族很早以前就用四季的二十四个节气规定各项生产生活的时间。

达斡尔族也把月亮、星辰作为天象观测的内容。以朔月（称为“布图·撒如勒”）到望月（称为“楚勒普·撒如勒”），再到朔月为一个月。有小月、大月和闰月（阿那干·撒日）的说法，并以月亮圆缺的程度判断当月中的具体日期。达斡尔人看“索乌勒”星出现时与月亮的位置关系来预测雨水大小，认为此星在月亮之上雨水大；在月亮之下雨水小。农历二月时看更准。认为在初九时月亮显长会雨水大。达斡尔人把北极星称为“阿拉坦嘎特”（可直译为“金桩子”），认为它是天的“葵斯”（肚脐），永远不动，可以在夜里以它来确定方位。冬季夜晚，也看“郭日比得”（即三星）确认时辰，认为三星到“巴然·

霍里”（左烟囱）是晚上八九点，三星到“哈勒戈”（院门）是午夜，三星到“中·霍里”（右烟囱）就是快亮天了。此外，认为“绰勒棚”（启明星）升起时就快亮天了，七星“甩尾巴”就快亮天了。

第二节　计量知识

达斡尔族的传统计数概念比较完整。从个位数可数到万位数，再大的数字可以用“兆·图莫”（百万）、“明安干·图莫”（千万）和“图门·图莫”（亿）来表示。在计量方面，用“苏莫”（拇指与食指间的距离）、“拖哦”（拇指与中指间的距离）、“阿勒得”（庹）、“嘎吉日”（里）等表示长度。对于不同事物有不同量的称谓。用“哈图库”（把）、布图（捧）、“克阿勒”（斗）、“库勒”（石）等表示容积。农业方面传统的计量单位有：“哈日奇”（块），即用约半天耕出土地的面积。“布尼”（原意为早晨），即从早晨到上午用一副犁杖耕出土地的面积。由于一个“布尼”与一垧地差不多，清末以后，垧和“布尼”已成为同一内容的概念。“胡鲁乌”（犁杖），即在播种期间用一副四套牛犁所能耕种的土地面积，相当于十垧。“胡热”（籽种），即过去用漫撒子的方法播种时，把种子撒在左右两边的耕地宽度，约四步。“哈勒得”，即两个庄稼垛之间的距离。每二十捆庄稼为一个“克牙特勒”（即一个庄稼垛），通常以十个“哈勒得”计算耕地面积。也用地垄作为土地的计量单位。

第三节　民间医药

新中国成立以前，达斡尔族地区缺医少药，各种疾病流行，对达斡尔族群众的健康造成严重威胁。为了医病救人，达斡尔族群众除了求助于神灵和求助于雅得根跳神驱病禳灾外，也积累了许多治病祛痛的方法。

自然界中的百草、泉水、动物的某些部位，有治愈疾病的功效，这在达斡尔族民间很早就有一些传说，可见达斡尔人很早以前就已经在探索并掌握了一些医病的方法。达斡尔族民间医治各种常见病的方法较多，有些是比较有效的。其中所具有的科学性，目前研究甚少。在此只对草药治病的方法作些介绍。

“查阳·欧斯”（升麻），最好是在农历五月初五采集晒干。用时放在水中煮，喝其水，治腰腿胳膊痛。

“撒得勒提·欧斯”（蝙蝠草），也是农历五月初五采集晒干，用时放水中煮，喝其水，治尿道不畅、尿血症。

“齐干·甩革”（白艾），农历五月初五太阳未出前，踏着露水采集，编辫晒干。用煮白艾的水洗身子，能治皮肤瘙痒病，轻者洗上两三次就可以治愈。冬天用煮白艾的水泡腿，可治寒腿病和其他风湿病。有这类病人的人家，总要想办法多采一些白艾存放。

“掌过”（苍耳子），采其子后，在水中烧开，喝其水，可治手指风湿病。但不能多喝，多喝会过敏。

“依吉花·欧斯”（斩龙草），农历五月初五采集晒干。在手脚脱臼红肿时，可把它放入水中烧开，用水擦洗，起消肿和消炎的作用。

用煮松树皮的水，洗长癣生疮的部位，也能治愈。将煮稠李子树皮的开水凉温后，把双脚放入其中一两个小时，可治愈发热头痛病。

达斡尔族习惯把野生动物的某些部位，像狍子肝、鹿茸、鹿心血、獾油等用于治病养身。采用扎针、拔罐、踩背、活动四肢、掐穴位等方法治疗一些常见病。在民间，也出现了一些专门接生、接骨的医务人员。达斡尔人很早就利用五大莲池泉水和维那河泉水治病养身。在预防疾病方面，讲究在农历五月初五日出前到野外用露水擦脸，把采到的白艾插在头发里，到江河沐浴，认为这样会祛病保健。

第四节 传统教育

在学校教育出现以前，达斡尔族的传统教育主要以家庭教育和社会教育为主要形式。教育的主要目的是培养子女成为懂得礼仪文明的社会成员，成为勤劳能干的劳动者。

一、民间教育

游戏既是少年儿童的自娱活动，又是对他们进行教育的手段。达斡尔族长辈支持少年儿童的游戏活动，制作游戏用具，指导游戏方法，给游戏的自由时间。目的在于让孩子们在游戏中学到常识，开发智力，培养情趣和良好品质。达斡尔族少年儿童的游戏有玩“萨克”（兽踝骨）、“哈尼卡”（纸偶）、纸车马、打曲棍球、摔跤、嬉水、放爬犁等。在这些游戏活动中，少年儿童能够得到多方面的有益锻炼和教益。在弹、抓、扔萨克的游戏中，少年儿童可以学会计数，加减运算，眼疾手快，有利于智力的开发。在哈尼卡和纸车马的游戏中，能够模仿家庭生活，发挥想象力、创造力，有助于培养孩子热爱生活、正确对待生活的情感。在围鹿棋等智力游戏中，能够培养孩子的注意力和活跃思维。在打曲棍球、摔跤、嬉水、放爬犁等体育游戏中，则有助于提高孩子们的身体素质，锻炼技巧、意志、合作精神。

夜幕笼罩，人们聚在宽敞的住房里讲听民间故事，是达斡尔族传统文化生活的重要内容。讲述民间故事传说，是向后代传授民族的历史、传统、文学遗产的重要途径。讲民间故事多在冬春农闲的时候进行。在农闲的夜晚，人们汇集在有老人长辈的家里，请来村中民间艺人讲传统的神话故事和传说，让懂满文的人用达斡尔语译讲满文的古典文学。天真好奇的孩子们更是乐于倾听那些神奇动听、引人入胜的民间故事。达斡尔族民间传说故事内容很多，有自然神话、人物地理传说，猎人、牧人和农夫各种神奇的故事。从那些委婉动听、引人入胜的民间传说故事中，孩子们能够学到正义勇敢、善良勤劳、团结斗敌和互帮互助的道德品质，受到良好的道德情操的陶冶和启迪，树立积极向上、奋发进取的精神。从动物故事中可以认识到狐狸狡猾，老虎凶猛，野狼贪婪，它们又都有弱点，并不可怕。译讲的满文古典文学有《三国演义》、《封神演义》、《西游记》、《东周列国》、《薛仁贵》等，从这些古典文学中，能够了解中国历史和文化，开阔思想与想象的世界。达斡尔族长辈还教孩子唱儿童歌谣。这些儿童歌谣虽然简短，却富有趣味，朗诵起来，特别押韵上口，容易记住。通过儿童歌谣，让儿童们学到语言词汇，锻炼口舌灵活和掌握达斡尔语初浅的韵律技巧，学到一般常识。

传统的达斡尔族社会把孩子们的礼貌程度看作是家教修养好坏和村里风气的标志。因此，长辈既要以身作则，具有良好的礼貌修养，又要经常教导孩子们要举止文明，尊重长辈，诚恳待人，同情弱者。尊老、敬老是达斡尔族礼节的核心。在达斡尔族的家庭生活中，讲究尊敬年老长辈，遇到素不相识的年长者让路让座，是衡量年轻人有教养的标志。长辈之间相谈时，晚辈不旁听，更切忌插话。见年长者或长辈进屋时晚辈或年幼者必须立迎，还要让座，装烟敬茶。而且晚辈不能随便称呼长辈的名字。达斡尔人从小就在这种敬老的气氛中耳濡目染，在成长过程中逐渐学会对待长辈的礼仪，并且同样言传身教地去教导自己的子女，使这种优良品德代代相传。达斡尔族在参加族众集会、节日活动、行路做客、婚丧嫁娶、宗教祭祀方面，也十分讲究礼仪，遵守风俗禁忌。如果有的孩子不听劝诲，则要严加管教，对于品行端正、善于助人、守俗识礼的孩子给予赞扬。家长还有意识地带领孩子参加一些社会活动，让他们受到本民族的文明礼貌教育。

达斡尔族儿童在十来岁时开始帮助大人干些力所能及的活儿，学些生产劳动的技艺。男孩子从事一些圈牛犊、抱柴禾、到河边钓鱼、用笼子捕鸟、练习弓箭射萨克等，都是学习生产劳动的活动。到十四五岁以后，男孩要跟大人铲地，十七八岁就要扶犁、割地、套车拉柴、打草等。女孩子则随长辈到野外采集、学绣花缝衣、帮母亲干家务，照顾比自己小的弟弟妹妹等。长辈有意识地培养孩子热爱劳动、手脚勤快的品质，教他们学会生产知识和劳动技术，使他们成长为能够当家立业的劳动者。

达斡尔族传统歌舞艺术内容丰富，人们能歌善舞是从小在歌舞氛围中陶冶出来的。在 20 世纪 50 年代以前，达斡尔族妇女在年节时、到野外采集时，经常组织歌舞晚会，冬季还举行请“笊篱姑姑”舞神晚会，场面气氛欢快、活泼，围着看的小姑娘们深受感染，跟着学唱歌、跳舞，到了二三十岁，都会成为娴熟的歌舞能手。达斡尔族女孩学剪纸是从玩“哈尼卡”（纸偶）开始的，她们学着母亲和长辈们的样子自己剪“哈尼卡”，再剪各种民间的花、云卷、蝙蝠、几何形的图案，锻炼灵心巧手。到了十二三岁，女孩要学缝衣绣花。这时，母亲、姑姑、婶子们会给予指导，给介绍优美的图案，教缝绣、裁剪的技巧。一般先学做布鞋，刺绣荷包、枕头顶，在这个过程中，要搜集各种绣像图案，有的还要有所创作。等到出嫁的时候，新娘要给自己做几双绣花鞋，还有荷包、枕头等，带到丈夫家，人们要看这些缝绣的衣物，品味新媳妇的手艺。

二、私塾教育

私塾教育是社会家庭教育的延伸，是清代至二十世纪三四十年代达斡尔族教育的重要形式。当时，在许多达斡尔族村中开办有常年和季节性的满文或汉文私塾。这些私塾没有固定的学制，大致学两到三年可以达到能够读写的目的。私塾设在人家里，学生进门要先给贴在墙上的孔子画像鞠躬行礼，然后坐到里屋炕上的小桌子旁听课。满文私塾多以《三字经》、《论语》、《三国演义》、《圣谕广训》、《圣主官贤记》等为教材。教学程序是，先学“阿克”（aaki）即字母。第二学“特苏”即拼词。第三是“卡拉辈”即抄写。第四是“乌日格勒·朱楞”，教学方法单一，强调死记硬背，以中国古典名著、达斡尔族创作的诗歌等为教材，即读故事。第五是译文，把满文书译为达斡尔语。由于缺少纸笔，上课时在“萨木然”（习字板）上写字。“萨木然”用木板做成，有约60厘米长宽，写字时在“萨木然”上面涂一层猪油或者羊油，油脂需经火上烤一下。再取一些荞麦灰均匀地撒在上面，用削尖的木笔写字，达斡尔语称这种木笔为“卓日乌·毛得”，也有的人用野禽的羽毛写字。写上字后需要再写时，用布擦去已有的字，再涂油撒灰。还有一种习字板称为“水盘”，大小同“萨木然”差不多。不同的是“水盘”上要打格并刷黄油漆（或桐油），用墨笔写字。学生每次写字之后，都要端上“萨木然”或“水盘”给老师看。到了抄写阶段，开始用毛笔在纸上写字，要求学生抄写成本的满文书，有的是抄写达斡尔族文人创作的诗歌。抄写出来的本子归学生自己所有。这样也促进了许多满文书籍在达斡尔族民间流传。培养了许多会满文、用满文的达斡尔族乡村的文化人。也使满文在达斡尔族的记事、通信、写春联、阅读书籍、呈报公文，特别是人们为了解中国古典文学、传统文化中有很多实际的作用。到了20世纪20年代以后，达斡尔族乡村里开始有汉文私塾。汉文私塾以《三字经》、《百家姓》、《千字文》、《庄农杂字》、《论语》等为教材，有的还教加减运算和打算盘。主要是教识字，读和背诵课文，老师多少给予解释。一直到1947年，达斡尔族有的村还在办满文私塾。私塾的兴办和发展，是达斡尔族重视教育的体现。私塾教育给达斡尔族山村带来了朗朗书声和新鲜的文化气息，在达斡尔族教育的普及和社会文化发展中发挥了重要作用。

三、学校教育

达斡尔族的学校教育是从清代开始的。清朝初期，有的达斡尔人当上朝廷官吏，他们及子弟有机会接受了学校教育。据史书记载，在1695年（康熙三十四年），黑龙江将军萨布素奏请在墨尔根（今嫩江）两翼各设一所学校，每年由达斡尔等民族每个佐领各选一名儿童入学。

学校　（毅松提供）

1744年（乾隆九年）在齐齐哈尔、墨尔根、瑷珲也设立学校，同样每年每个佐领选送一名子弟上学。后来，达斡尔族地区也出现了一些私塾。学校教育的兴起，使得懂满文的达斡尔人多了。满文在达斡尔族生活中的应用也随之多起来，像编修家谱、译讲文学著作、写奏折、撰著书稿和文学作品等。有的掌握满文的达斡尔人还当了笔帖式、骑尉、佐领，还有的晋升为朝廷文武大臣。

20 世纪末期初，达斡尔族乡村学校多了起来。在布特哈地区，1905 年（光绪三十一年），成立了西布特哈总管劝学所，在东布特哈设立了初级师范预科班。1910 年，在小莫尔丁、乌尔科、和礼、阿荣、绰日哈勒等村屯设立了初级小学校。1917 年，在开阔屯成立了最早的私立小学。据布西设治局统计，1923 年，西布特哈地区已有公立小学 7 所、私立小学 3 所，入学儿童为 191 名。在齐齐哈尔地区，1908 年（光绪三十四年）开设了满蒙师范学堂。1922 年，在杨宪文、吴蔚邦、杜文林等人的努力下，达斡尔族聚居的齐齐哈尔村建立了小学校。到 20 世纪 30 年代，该校已有学生一百多人。继齐齐哈尔小学以后，在齐齐哈尔地区达斡尔族村屯兴建的学校还有敖宝屯小学、敖宝屯女子私办小学、全和太屯小学、梅里斯小学等。在海拉尔地区，从 1882 年起设立官学，一些达斡尔族子弟到学校读书。1918 年，郭道甫和福明泰（达斡尔族）等在海拉尔创办了呼伦贝尔私立小学，招有达斡尔、鄂温克、蒙古族的百余名学生。1919 年，郭道甫与福明泰回到家乡莫和尔图村（今鄂温克族自治旗巴雁镇），在荣禄的资助下，建立莫和尔图学校。

在新疆塔城，光绪末年，开办了养正学堂、武备学堂，从当地八旗子弟中招收学生。1915 年，成立了旗民学堂，原有的八旗改为八区，每区选 3 名学生入学。八区中有六区是达斡尔族，另外两区是锡伯族。到 1937 年，在达斡尔族聚居的阿西尔村建立了公立小学。1947 年 9 月，当地还用满文编写了四本达斡尔语课本，聘请学过满文的达斡尔人为教师，并在达斡尔族居住的阿不都拉、恰夏、吉也克等村建立了小学，都用达斡尔语课本上课。

在达斡尔族初等教育发展的基础上，达斡尔族地区的中学和中等专业学校也有了一定的发展，接受中高等教育的达斡尔族子女不断增多。到20世纪40年代，达斡尔族子女已有上百人升入国内外大学深造。

第五节　现代教育

新中国成立后，达斡尔族人民迎来了新曙光。在中国共产党的领导下，达斡尔族的教育事业也从此获得了新生。

一、恢复和发展达斡尔族地区教育

在莫力达瓦旗，党和政府把恢复和发展达斡尔族地区教育作为一件大事，教育事业得到了迅速发展。到1947年，全旗初级小学就增加到95所，初高级小学增加到10所，适龄儿童入学率达到75%。其中民族小学23所，在校的达斡尔族学生达到1940人。到1949年，全旗已有110所中小学，178个教学班，206名教职工，5980名在校生。并办有276所农民夜校，有7294名学员。新中国成立初期，民族小学达到33所，其中完全小学7所。到1965年，全旗民族小学发展到52所，其中完全小学10所。① 1946年，莫力达瓦旗成立了第一所中学——布西中学，旗党政领导给予很大关怀，学校教师艰苦创业，到1952年已建成为办学正规、有200多名学生的中学。四个班级中有两个是以达斡尔族学生为主的民族班。从1957年起，该校设高中班。1963年，达斡尔族聚居的阿尔拉乡建立了中学，当年招收282名少数民族学生。

---

① 莫力达瓦达斡尔族自治旗年鉴（1987）．黑龙江人民出版社，1988：359～369.

二、促进民族教育事业的发展，形成民族教育体系

1978 年党的十一届三中全会以后，莫力达瓦达斡尔族自治旗党委和政府更加重视民族教育事业，制定了优先重点发展民族教育的政策和地方法规，促进了民族教育事业的发展。1984 年创办了达斡尔中学。到 1992 年，全旗已有民族小学 66 所，民族中学 9 所。在民族小学中开办学前班 33 个，并创办了一所民族幼儿园，形成了民族教育体系。66 所民族小学中有 59 所实现了校舍砖瓦化。全旗民族小学中达斡尔族在校生 4015 人，民族中学中的达斡尔族在校生 1189 人。到 2003 年，全旗有民族小学 47 所，其中达斡尔族在校生 2531 人，有民族中学 7 所，达斡尔族在校生 1419 人。

莫力达瓦达斡尔族自治旗旗委、政府始终将民族教育摆在“优先、重点、适度超前”的战略地位，在资金投入、师资配备、教学设备、贫困生救助等方面给予政策扶持。旗财政在资金十分紧张的情况下公开选聘 90 名大中专毕业生，大多数被安排到民族中小学任教。现在，现代远程教育在民族乡镇中学、中心校的覆盖率已达到 100%，并且部分民族村屯小学也有了现代教育设备。按照《内蒙古自治区民族中小学助学金暂行办法》旗财政已将助学金纳入到财政预算并及时按标准发放。

根据《莫力达瓦旗农村义务教育阶段家庭经济困难住宿生生活补助实施细则》，专款用于贫困寄宿制学生的伙食补助费补助，小学每生每年 435 元，初中每生每年 516 元。根据义务教育保障机制有关细则，农村民族学校书本费、杂费 100%免除。在义务教育阶段三少民族学生在校期三项补助，包括助学金每年补助小学每生每年 1150 元，初中每生每年 1400 元，基本上能满足免费接受九年义务教育。

三、开展民族文化传承教育

莫旗阿尔拉镇中心校设有小学和初中，校舍建筑面积6112平方米，所有班级都可以开展多媒体教学。有320名学生，其中90%是达斡尔族。有教职工53人，达斡尔族占95%，学历合格率达到100%。学校有30名学生组成的曲棍球队，每年4～11月早晚训练，在参加全国曲棍球夏令营15岁年龄组比赛中获得第二名，2012年全旗曲棍球基点校比赛中获得第一名。目前，内蒙古曲棍球队的8名队员、江苏省的9名队员是由该校培养的。国家体育总局授予该校为奥林匹克曲棍球后备人才基地。全校开展了达斡尔语教学，每班每星期一节课。学校还开展达斡尔族歌舞和美术教学。2012年6月1日举办了运动会和校园文化艺术节，共演出了22个节目，大多数是达斡尔族歌舞，还有学生的绘画、剪纸、哈尼卡（纸偶）、石头画、布贴画、蛋壳画等展览。

四、达斡尔族的各种受教育程度的比例名列前列

新中国成立以来，在党的民族政策和教育方针的指引下，达斡尔族的教育事业得到很大发展。到2000年，达斡尔族每1000人受不同教育程度人口中，受初中、高中、高等教育的人数都有了较大的增长。1990年达斡尔族每1000人受初中教育的有512人，2000年为654人，增加了142人，高于同期全国增加113人的幅度。1990年达斡尔族每1000人受高中教育的有193人，2000年为256人，增加了63人，高于同期全国增加42人的幅度。1990年达斡尔族每1000人受高等教育的有37人，2000年为76人，增加了39人，高于同期全国增加20人的幅度。可见，达斡尔族受中高等教育程度在这10年当中有了较大的

增长，高于同期全国的增长水平。[①] 达斡尔族的各种受教育程度的比例超过了全国平均水平，在国内各民族中排在前列。

随着教育事业的发展和全民族文化水平的提高，达斡尔族拥有的硕士、博士研究生和留学生也在增多，涌现出许多教授、高级教师、高级工程师、研究员、作家、作曲家、摄影家、书画家、歌唱家、表演艺术家、主任医师、高级记者编辑、高级翻译等，他们在各自的岗位上为祖国的两个文明建设作出了贡献。

① 黄荣清、赵显人等．20世纪90年代中国各民族人口的变动．民族出版社，2004：237～238.